# 에스더

## 영적 거인, 빼-닮아라

이대희 지음 | 바이블미션 편

 엔크리스토
ENCHRISTO

# 인생의 기초를 성경으로 다져라

십대는 두 번 다시 돌아갈 수 없는 인생에서 귀한 시기입니다.
앞으로 인생을 살아가는 데 있어 기초를 다지는 시기로, 십대를 어떻게
보내느냐에 따라 인생이 달라집니다.

우리가 사는 세상에는 십대를 유혹하는 잘못된 문화와 가치관들이 너
무 많습니다.
세상에 물들지 않고 성경적 가치관과 하나님의 나라를 꿈꾸며 살아갈
수 있는가 하는 것은 모든 십대뿐 아니라 십대를 지도하는 부모와 교사
들이 갖는 중요한 관심사입니다.

십대들을 영원히 지켜줄 수 있는 것은 오직 말씀입니다.
이 시기에 하나님의 말씀으로 얼마나 무장하느냐에 따라 미래의 삶이
결정됩니다.
성경으로 인생의 기초를 다지는 일은 그 어떤 일보다 중요한 일입니다.

틴~꿈 십대성경공부 시리즈는 성경 자체를 배우면서 십대의 삶을 가꾸

는 내용으로 구성되었습니다. 일차적으로 성경개관을 통해 성경 전체의 맥을 잡고, 그 다음으로 구약성경책과 신약성경책을 통해 십대에 관계된 성경의 각권을 선택하여 공부하도록 했습니다.
자매 시리즈인 아름다운 십대 성경공부 시리즈와 함께 연결하여 사용하면 균형 있는 교과과정이 됩니다.

아무쪼록 이 성경공부 교재를 통해 성경적 비전을 품고 말씀과 일치를 이루는 하나님의 사람으로 자라나길 기도합니다.
오직 주님께 영광을…….

이대희

# 틴~꿈 십대성경공부 시리즈 교재의 특성

1_ 십대들이 꼭 알아야 할 핵심내용과 성경적인 가치관과 세계관을 정립하는 성경공부입니다.

2_ 귀납적 형태를 띤 이야기대화식으로 탐구능력을 키우고 생각을 점차 열리게 하는 흥미로운 성경공부입니다.

3_ 자유로운 토의와 열린 대화를 활발하게 하는 소그룹에 적합한 성경공부입니다.

4_ 영적 사고력과 해석력, 분별력을 키우면서 스스로 적용능력을 점차 극대화시켜 주는 성경공부입니다.

5_ 본문중심 성경공부로, 성경이야기 속으로 빠져들어 말씀의 성육신을 경험하는 성경공부입니다.

6_ 흥미와 재미를 유도하는 주제로 구성되어 있고, 모두가 쉽게 참여하면서 영적 깊이와 변화를 체험하게 하는 전인적인 성경공부입니다.

7_ 성경공부를 통하여 자연스럽게 학과공부와 전인교육에 필요한 논술력, 사고력, 상상력, 창의력, 응용력을 함께 계발시키는 성경공부입니다.

8_ 분반공부와 제자훈련 등 시간(30분, 1시간, 1시간 30분)을 탄력적으로 운영하며 사용할 수 있는 성경공부입니다.

9_ 15년 동안 준비하고 실험한 성경공부 사역 전문가에 의하여 검증된 효과적인 공부 방법과 총체적이며 전인적인 교과과정이 체계적으로 구성된 신뢰할 만한 성경공부입니다.

# 틴~꿈 십대성경공부 시리즈 전체 양육과정표

'틴~꿈 십대성경공부 시리즈'는 1년 단위로 5권씩 3년동안 성경 전체의 내용을 핵심적으로 다루도록 구성되었습니다. 1년차는 성경 파노라마를 통해 성경의 맥과 개관을 다룹니다. 그리고 구약책과 신약책 중에서 십대에 맞는 책을 선택하여 집중적으로 유형별로 균형 있게 공부하도록 했습니다. 십대 시기에 성경의 맛을 직접 느끼게 함으로써, 앞으로의 삶 속에서 성경을 계속 배우고 실천하는 데 도움을 주는 방향으로 내용을 구성했습니다. 십대를 마칠 때는 적어도 성경의 중요한 맥과 뼈대를 잡고, 성경의 내용을 각권별로 조금씩이라도 살아 있는 말씀으로 경험한다면 평생동안 말씀과 함께 사는 데 큰 도움이 될 것입니다.

| | 성경개관 시리즈 | 구약책 시리즈 | 신약책 시리즈 |
|---|---|---|---|
| 1권 | 성경파노라마 - 구약1<br>성경, 한눈에 쏘옥~ | 창세기<br>인생의 뿌리, 꽉- 잡아라 | 누가복음<br>최고의 멘토, 예수를 만나라 |
| 2권 | 성경파노라마 - 구약2<br>성경, 한눈에 쏘옥~ | 에스더<br>영적 거인, 빼- 닮아라 | 로마서<br>내 안의 복음발전소 |
| 3권 | 성경파노라마 - 구약3<br>성경, 한눈에 쏘옥~ | 다니엘<br>나는 바이블 영재! | 사도행전<br>글로벌 증인이 되어라 |
| 4권 | 성경파노라마 - 신약1<br>성경, 한눈에 쏘옥~ | 잠언<br>지혜가 최고야! | 빌립보서<br>기쁨을 클릭하라 |
| 5권 | 성경파노라마 - 신약2<br>성경, 한눈에 쏘옥~ | 전도서<br>인생이 보인다! | 요한계시록<br>인생승리, 폴더를 열어라 |

● 각 과는 10과 내외로 구성되어 있으며, 3년 과정으로 중고등부가 모두 사용할 수 있습니다. 각 교회 상황에 따라 순서에 상관없이 책을 자유롭게 선택하여 사용 가능합니다. 과정을 계속 이어가기를 원하면 "아름다운 십대 성경공부 시리즈"(3년차)와 연관하여 사용할 수 있습니다.

# 틴~꿈 십대성경공부 교재의 구성

본 교재는 다음과 같은 단계로 구성되었습니다. 전체 단계를 잘 이해하고 활용하면 성경공부에 훨씬 효과적입니다.

## ■ 열린 마음

마음을 여는 단계입니다. 성경공부는 마음을 먼저 열지 않으면 말씀이 들어오지 않게 됩니다. 질문에 편안하게 답하도록 하되 무리하게 답을 끌어낼 필요는 없습니다. 질문을 통해 마음을 집중하는 데 그 의미가 있습니다.

## ■ 말씀 먹기

말씀 속으로 들어가는 단계입니다. 공부를 할 때, 본문을 먼저 읽고 나서 질문을 통하여 말씀 속으로 함께 들어가는 데 목표를 둡니다. 가능하면 본문을 지식적으로 이해하기보다는 전인적으로 이해하는 접근 방식이 필요합니다. 성경을 이야기 식으로, 글자가 아닌 사건으로 보도록 합니다. 그리고 생명의 말씀을 먹는다는 자세로 의미를 생각하며 질문에 대한 답을 해야 합니다. 그렇게 하면 점차 성경 속으로 들어가는 것을 경험할 것입니다.

일반 학교공부보다 차원이 높습니다. 이것을 터득하면 일반 공부는 쉽습니다(주제별로 구절을 공부하는 방식보다 본문을 통하여 성경지문을 공부하면, 전체 문맥을 이해하는 능력과 아울러 논술 · 논리 · 구술 · 토론 능력이 자동적으로 해결됩니다).

■ 되새김

되새김은 소가 먹은 음식을 다시 되씹는 과정과 같습니다. 말씀을 지식적으로 이해하는 것을 넘어 그 의미를 곱씹는 것입니다. 도움말을 통하여, 이미 알고 있던 말씀의 의미를 다시 한 번 깊게 생각하는 단계입니다. 처음에는 도움말 없이 질문에 대한 답을 스스로 찾아내도록 합니다. 단순히 단어나 구절을 외우는 것이 아닌, 의미를 곱씹어 생각하는 것이 중요합니다.

■ 생각해 보기

본문에서 특별히 생각해야 할 중심 주제를 생각해 보는 단계입니다. 즉, 머리에서 가슴으로 이르게 하는 단계입니다. 말씀을 실천으로 옮기기 위해서는 말씀을 깨닫는 일이 선행되어야 합니다. 가슴으로 깨닫는 것만이 실천에 이르게 됩니다. 이 단계에서 서로 의견을 나누고 토론을 하면 좋습니다. 한 사람의 일방적인 설명보다는 각자의 생각을 자유롭게 나눌 수 있도록 소그룹을 활성화합니다.

■ 삶의 적용

'되새김'과 '생각해 보기'를 통해서 얻어진 말씀을 나의 삶에 적용하는 단계입니다. 단어나 구절을 그대로 실천하는 것은 율법적인 적용이 될 수 있습니다. 의미를 이해하고 그것을 나의 삶에 알맞게 응용하면서 적용하는 것이 바람직합니다.

■ 실천 메시지

본문에서 생각할 수 있는 내용을 정리했습니다. 내용을 읽고 나서 자기의 생각을 나누어도 좋습니다. 실천메시지를 통해서 한 가지라도 분명한 메시지를 가슴에 품고 나의 것으로 적용하며 실천하는 것이 필요합

니다. 상황에 따라 읽거나 정리하거나 보완하는 식으로 메시지를 다룰
수 있습니다

■ 플러스 – 신앙과 공부
말씀은 곧 삶으로 이어져야 살아 있는 말씀이 됩니다. 십대 시기는 공
부가 주된 일입니다. 공부를 즐겁게 하기 위해서는 공부의 맥을 잡아야
합니다. 공부를 신앙과 연결시켜 하면 재미가 있습니다. 신앙과 공부는
별개가 아닌 긴밀하게 연결된 것으로서, 신앙이 좋으면 공부도 잘하게
됩니다. 본문의 성경공부를 통해 신앙이 공부의 현장까지 확대되면 성
경공부가 훨씬 유익한 방향으로 나아갈 수 있고 상호 보완할 수 있습니
다. 잘 활용하여 흥미 있는 성경공부와 학교공부가 되면 좋겠습니다.
신앙과 공부는 별개가 아님을, 상호연관적임을 깨닫는 순간 공부도 재
미있고 신앙도 열성을 품게 될 것입니다. 해당 자료를 통해 생각의 폭
을 넓히는 계기가 되길 바랍니다.

차례

# 한 사람의 위대함

에스더서 저자는 확실치 않으나 유대 관습을 잘 알고 있는 것으로 볼 때 바사(페르시아)계 유대인으로 추정됩니다. 에스더서는 바벨론의 포로로 잡힌 후에 고레스 칙령으로 포로 귀환에 속하지 않고 흩어져 사는 유대인을 향해 쓴 것으로 여겨집니다. 유대 명절인 부림절의 기원이 되는 에스더서는 유대민족이 멸절 위기에서 극적으로 구원받은 이야기가 핵심입니다. 유대인들은 부림절을 수천 년간 지켜오고 있습니다. 부림절은 유대인의 마지막 달력인 14~15일에 열립니다. 13일에는 에스더가 금식한 것을 기리며 금식행사를 하는데, 이날 저녁에 회당에 모여 에스더서를 공식적으로 읽는 행사를 합니다. 그리고 다음날은 기쁘게 잔치를 엽니다. 출애굽사건과 같은 의미를 지니고 있습니다.

에스더서의 특징은 하나님의 이름이 나오지 않는다는 것입니다. 그러나 보이지 않는 가운데 하나님의 손길을 느낄 수 있는 책입니다. 특히 이스라엘의 민족정신을 이해하는 데 도움을 줍니다.
하만은 적그리스도의 대명사로 등장합니다(에7:6의 이 악한 하만은 히브리어로 알파벳 숫자를 더하면 666이 됩니다). 그는 아말렉 후손으로 유대인에게 으뜸가는 적입니다. 그러나 죽음을 결단한 에스더의 희생을 통하여 유대인들이 극적으로 구원을 받습니다. 에스더서의 전체 흐름은 구원을 위한 하나님의 준비와 섭리, 그리고 자기 백성을 향한 깊은 사랑으로 이루어져 있습니다. 에스더서를 통하여 우리는 어떤 것이든 우연이 아닌 합력하여 선을 이루는 놀라운 하나님의 은혜를 경험하게 되고, 어떤 것이든 하나님의 손에서 계획적으로 이루어짐을 믿게 됩니다. 하나님의 구원을 끝까지 믿고 나아가 결국에는 승리하는 그리스도인을 상징적으로 보여 줍니다. 전체 이야기는, 전반부에서 위기(1~3장)가 나오고 후반부에서 구원(4~10장)이 나오며 전개됩니다. 에스더서는 거절-선택-죽음-믿음-패망-구원의 과정으로 전체가 구성된 흥미로운 이야기입니다.

핵심적인 단어는 하나님의 섭리와 구원입니다. 섭리란 미리 준비하다는 뜻이며, 에스더서는 하나님이 유대인을 구원하기 위하여 모든 것을 준비하고 그것을 통하여 역사를 이끌어 가는 식의 이야기 흐름으로 전개되고 있습니다(롬8:28).

우리는 에스더서를 통해, 비록 이방 속에서 포로로 살고 있지만 믿음을 지키고 살아가는 유대인의 모습을 볼 수 있습니다. 특히 모르드개와 에스더 같은 인물을 통해 민족이 구원받는 내용은 감동적입니다. 하나님은 신실한 한 사람만 있어도 구원의 역사를 이루십니다.

이 교재를 가지고 공부하는 십대들은 에스더처럼 잘 양육 받아 미래를 준비하는 위대한 영적 거인이 되는 비전을 가져야 합니다. 고아이면서 무명이었던 에스더가 위대한 지도자로서 사용되는 것을 볼 때, 우리 십대들도 말씀으로 잘 준비하면 나중에 하나님을 위해 귀하게 사용되는 인생이 될 수 있습니다.

십대여! 큰 비전을 품고 하나님의 그날을 위해 자신의 인생을 준비하십시오.

# ■ 에스더 여행 지도 ■

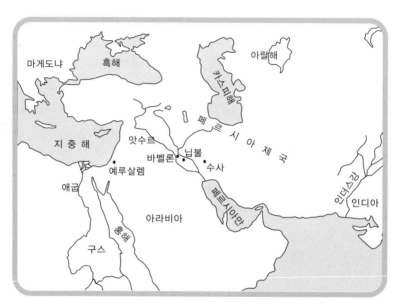

마게도냐
흑해
아랄해
카스피해
페르시아 제국
지중해
앗수르
닙불
바벨론
수사
예루살렘
애굽
인더스강
인디아
아라비아
페르시아만
홍해
구스

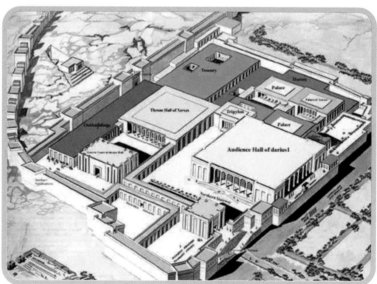

고대 바사 도시

# 01

# 에스더의
# 준비

"그의 삼촌의 딸 하닷사 곧 에스더는 부모가 없었으나 용모가 곱고 아리따운
처녀라 그의 부모가 죽은 후에 모르드개가 자기 딸 같이 양육하더라" (에2:7)

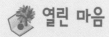 **열린 마음**

1 나는 현재 어떻게 양육 받고 있습니까? 나의 신앙 멘토는 누구입니까? 만약 없다면 이 일을 이루기 위해 어떻게 해야 하는지 이야기를 나누어 보십시오.

_____

_____

 **말씀 먹기**

● 에스더 2:1-11을 읽고 다음 질문에 답해 보십시오.

1 1장은 아하수에로 왕이 술잔치에서 사소한 일로 엉겁결에 왕후 와스디를 폐위시키는 이야기가 소개됩니다. 시간이 지난 후에 화가 풀린 아하수에로 왕은 제정신을 차렸으나 때는 이미 늦었습니다. 왕의 좋지 않은 상황을 타개하기 위하여 신하들이 제안한 방법은 무엇입니까? (1~4)

_____

_____

💡 되새김 신하들은 왕에게 아름다운 처녀를 구하여 새로운 왕후로 삼을 것을 제안합니다. 결국 전국 각 지방의 관리에 명하여 아리따운 처녀들을 모두 도성 수산에 모이도록 합니다. 겉으로 보면 순리에 따른 일상적인 일 같지만 영적으로 보면 하나님의 간섭으로 일어난 일임을 알 수 있습니다. 세상에는 우연한 일이 없습니다. 모든 것이 하나님의 섭리 속에 움직입니다.

**2** 이 일을 위하여 미리 하나님께서 은밀히 준비하신 일을 말해 보십시오. (5~7)

_____

_____

💡 되새김 유대인들에게 일어날 위기를 타개하기 위하여 하나님은 은밀하게 하나님의 사람을 준비합니다. 그 사람이 에스더입니다. 물론 에스더는 자기가 하나님의 구원의 도구라는 사실을 몰랐습니다. 고아인 에스더는 모르드개를 통하여 잘 키워졌습니다. 미래에 어떤 일이 일어날지 아무도 모릅니다. 현재에 충실한 것이 중요합니다. 하나님은 잘 준비된 사람을 사용하십니다.

**3** 왕궁에 모인 많은 처녀 가운데 에스더가 책임자 헤개의 마음에 든 과정과 그에 따른 혜택을 말해 보십시오. (8~9)

_____

_____

💡 되새김 많은 처녀 중에서 에스더는 책임자 헤개의 눈에 들게 되고 특별한 은혜를 받습니다. 이것은 하나님이 에스더와 함께하신 증거라고 볼 수 있습니다. 하나님의 인도하심을 받는 에스더를 엿보게 합니다. 하나님이 함께하시면 어떤 사람이라도 사용할 수 있습니다. 하나님에게는 불가능이 없습니다.

**4** 에스더가 삼촌 모르드개에게서 특별히 부탁받은 일은 무엇입니까? (10)

_____

_____

💡 되새김 에스더는 자기의 민족과 종족을 말하지 말라고 하는 모르드개의 명령에

순종합니다. 이것은 에스더서가 앞으로 어떻게 전개되리라는 복선과도 같은 구절입니다. 이것이 에스더 전체를 이끌어가는 핵심구절이기도 합니다. 에스더가 유대민족인 줄 모르고 다가서는 하만을 생각하면 이 내용은 중요합니다. 모르드개의 말에 순종하는 사람 에스더를 봅니다.

**5** 모르드개는 에스더를 왕궁으로 보낸 뒤에 어떻게 했습니까? (11)

_____

_____

💡 되새김 모르드개가 날마다 후궁 뜰 앞으로 왕래하면서 에스더의 안부를 걱정하는 모습은, 하나님이 우리를 세상에 보내고 우리를 위해 관심을 갖고 보살피는 모습과 흡사합니다.

 ## 생각해 보기

**1** 모르드개는 에스더를 자기 딸처럼 신앙으로 양육했고 계속 그녀의 근황을 살폈습니다. 모르드개가 에스더를 양육하는 과정을 통해 발견되는 영적 교훈과 에스더가 궁녀를 주관하는 책임자인 헤개에게 특별히 선택되어 큰 혜택을 받는 과정을 통해서 발견되는 하나님의 손길을 말해 보십시오.

_____

_____

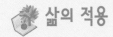 삶의 적용

**1** 나는 하나님에게 선택받는 미래를 위하여 오늘을 어떻게 준비해야 합니까?

_____

_____

**2** 오늘 깨달음과 도전을 주는 말씀은 무엇입니까?

_____

_____

아하수에로 왕의 수산궁터

# 영적 거인을 꿈꾸며 준비하라

주전485~465년, 바사(페르시아)의 왕 아하
수에로(크셀크세크)가 즉위한 지 3년이 되
는 때, 희랍나라를 점령하기 위한 분위기
조성이 필요했던 아하수에로 왕은 자기를
알리고 위치를 굳건히 하며, 신하들의 사기
를 북돋아 줄 거대한 잔치를 베풀었습니다.

바사와 그리스의 이수스전투 장면 부조

잔치의 흥이 절정에 다다를 때 아하수에로는 왕후 와스디를 국민들 앞에
유흥거리로 선보이면서 자신의 위용을 과시합니다. 왕궁에서는 7인의 최
고위원들이 이 돌발사건에 대한 대책회의를 엽니다. 결국 이것은 왕이나
왕후에게도 커다란 충격으로 다가와 와스디가 폐위당하고 맙니다. 갑작스
런 사건이지만 알고 보면 배후에 하나님의 역사가 일어나는 일입니다. 이
것은 에스더의 등장을 예고하는 우연이 아닌 목적이 있는 사건입니다.

이로부터 약 4년 후에, 아하수에로 왕은 피해가 막심한 그리스정벌에 자신
만만하게 나섰다가(주전481~479) 패배하고 돌아왔습니다.

이후, 아하수에로 왕은 주전480년 살라미 전투에서 희랍 군대들에게 대패
하였고, 결국 암살당함으로써 비참한 최후를 맞았습니다.

아하수에로 왕은 세상의 영광을 모두 가진 것 같았지만 하나님 없는 그의
삶은 불행했습니다. 사람들은 지위와 힘을 가진 사람들이 세상의 주역이
라고 말하지만, 성경은 연약한 에스더와 같은 사람이 세상의
주역임을 말합니다. 이렇게 보면, 비록 대단한 지위와 힘은
가지지 못했지만 나 역시 하나님의 사랑을 받으면 에스더처
럼 크게 쓰임 받을 수 있습니다. 세상 사람을 부러워하지 말
고 있는 자리에서 비전을 갖고 영적 거인을 꿈꾸어야 합니다.

# 비가 내리는 시기는?

우리가 가장 자주 보는 자연 현상 중에 하나를 들라면, 그것은 비입니다. 사람들은 비를 싫어하기도 하지만 어떤 때는 매우 기다립니다. 시기 적절하게 비가 내리지 않으면 인간은 살아가기 힘듭니다. 비는 너무 많이 내리거나 너무 적게 내리면 재앙이 됩니다. 아직 비가 내리는 이유에 대해서는 확실하게 밝혀진 바가 없습니다.

최근까지 밝혀진 바에 의하면, 비는 물방울로 이루어진 구름으로부터 내리고 눈은 얼음 덩어리로 이루어진 구름으로부터 내린다고 합니다. 쉽게 말해, 수증기가 포함된 따스한 공기가 하늘 높이 올라가면서 점차 차가워지고, 공기의 온도가 일정치보다 낮아지면 공기는 지금까지의 형태대로 수증기를 가지고 있을 수 없게 됨으로 여분의 수증기는 응축되어 작은 물방울이 됩니다. 이렇게 해서 구름이 생기게 됩니다. 상공의 공기는 계속 위로 올라가면서 움직이는데, 이때 구름을 이루는 물방울도 공기에 실려 여기저기로 움직이게 됩니다. 이 물방울들은 서로 충돌하며 서서히 달라붙어 커다란 입자가 됩니다. 그리고 나중에는 커다란 입자 자체의 무게 때문에 점점 밑으로 떨어집니다. 그러는 동안 도중에 떠 있는 구름조각과 충돌하며 점점 더 커지고 결국 지상에 이르게 되는데, 그것이 우리가 보는 비의 모습입니다. 구름의 물방울이 커지면 자연히 비가 내리게 됩니다.

비는 억지로 내리지 않습니다. 때가 되면 내리듯이 모든 것에는 때가 있습니다. 그때까지 준비되어야 합니다. 에스더가 준비되자 하나님은 그를 사용하여 왕궁으로 불러들이고 미래의 위기를 준비하게 합니다. 십대는 미래를 준비하는 시기입니다. 하루하루 최선을 다하고 공부를 열심히 하는 등 충분히 자신을 준비시키면 하나님의 때에 아름답게 사용될 것입니다. 기억하십시오. 하나님은 준비된 자만 사용하십니다.

# 02

# 왕후가 된
# 에스더

"왕이 모든 여자보다 에스더를 더 사랑하므로 그가 모든 처녀보다
왕 앞에 더 은총을 얻은지라 왕이 그의 머리에 관을 씌우고 와스디를
대신하여 왕후로 삼은 후에" (에2:17)

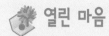 **열린 마음**

**1** 지금까지 나의 인생에서 하나님의 은혜와 간섭하심을 느낀 경우가 있으면 말해 보십시오.

_____

_____

 **말씀 먹기**

● 에스더 2:12-23을 읽고 다음 질문에 답해 보십시오.

**1** 전국에서 모인 처녀들은 왕에게 나아가기 전에 무엇을 했습니까? (12)

_____

_____

**2** 왕에게 나아가는 처녀가 구할 수 있는 것은 무엇이며, 왕이 부르지 않으면 어떻게 되었습니까? (13~14)

_____

_____

💡 **되새김** 왕 앞에 나아가는 처녀는 자기가 구하는 것을 다 얻어 후궁에서 왕궁으로 가지고 갈 수 있지만, 왕이 선택하지 않으면 그것으로 평생 후궁으로 지내야 했습니다. 일회용 인생과 같은 후궁의 삶은 불행합니다. 여기서 선택받지 못한다면 그의 삶은 희망이 없습니다. 오늘날 세상의 모습을 보는 듯합니다.

**3** 에스더는 왕에게 나아갈 때 무엇을 요구했으며, 언제 왕에게 나아갔습니까? (15~16)

_____

_____

💡 **되새김** 에스더는 내시 헤개가 정한 것 이외 다른 것은 구하지 않았습니다. 그럼에도 모든 보는 자로부터 사랑을 받았습니다. 인간적인 방법을 사용하지 않은 에스더를 봅니다. 오직 하나님에게 의지하는 단순한 에스더에게 하나님은 은혜를 베풀어 사람들이 좋게 보도록 했습니다.

**4** 에스더를 본 왕은 에스더를 어떻게 대했습니까? (17~18)

_____

_____

💡 **되새김** 왕은 에스더를 보는 순간 마음이 끌려, 에스더를 다른 여자들보다 더 사랑하게 됩니다. 에스더는 왕 앞에서 은총을 얻습니다. 그리고 왕은 에스더를 왕후로 삼게 됩니다. 사람에게 은혜를 얻으면 모든 것은 쉽게 해결됩니다. 아무리 불가능한 상황이라도 하나님이 마음을 열게 하면 모든 문제는 달리 나타납니다.

**5** 왕후가 된 에스더는 모르드개가 특별히 주의하라고 명한 것을 예전과 같이 그대로 순종하였는데, 그 내용은 무엇입니까? (20)

_____

_____

💡 **되새김** 앞에 나온 모르드개의 반복적인 명령이 다시 나옵니다. 종족을 말하지 말라는 모르드개의 명령에 에스더는 순종합니다. 이런 에스더의 순종은 모르드개에게 교육 받을 때와 같습니다. 무슨 뜻입니까? 에스더는 어제나 오늘이나 순종을 잘하는

모습입니다. 왕후가 되었어도 여전히 모르드개의 말에 순종합니다. 지위가 올라갈수록 남의 말을 잘 안 듣는 우리와 비교하면 사뭇 다른 모습입니다.

**6** 에스더가 왕후가 되자 궁정에는 어떤 일이 일어났습니까? 그 일은 어떻게 마무리되었습니까? (21-23)

_____

_____

💡 **되새김** 왕을 암살하려는 음모를 알아낸 모르드개는 에스더에게 알립니다. 그러나 에스더는 자기 이름이 아닌 모르드개 이름으로 왕에게 알리고, 그 이름은 궁중 일기에 기록됩니다. 물론 이것에 대한 상은 없습니다. 이는 상식적으로 이해가 안 되는 부분이지만, 그것은 나중을 위해 준비한 하나님의 놀라운 역사였습니다. 지금 손해를 보더라도 참고 기다리면 언젠가 더 좋은 것으로 다가올 날이 있을 것입니다. 불평하지 말고 모든 것을 하나님에게 맡기는 자세가 필요합니다. 거짓과 진실은 언젠가는 드러납니다.

 **생각해 보기**

**1** 에스더가 왕후로 선택되는 과정과 문지기인 모르드개에게 왕의 모살 사건이 발각된 것을 통해 발견되는 하나님의 간섭과 은혜를 말해 보십시오.

_____

_____

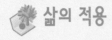 삶의 적용

**1** 모든 일은 하나님이 인도하심을 믿고 살아간다면, 나는 모든 일을 어떻게 보면서 살아야 할까요?

_____

_____

**2** 오늘 깨달음과 도전을 주는 말씀은 무엇입니까?

_____

_____

바사의 아하수에로 왕

고대 바사 군인

# 미래를 위해 준비하라

인간의 눈으로 보면 지금 일어나는 일이 무엇을 의미하는지 잘 모릅니다. 그러나 하나님은 지금의 작은 일조차 나중을 위해 준비하고 계십니다. 에스더는 후에 유다의 멸망을 구원하는 역할을 맡게 됩니다. 한 나라의 왕후가 되는 것은 개인의 영광보다 미래의 하나님의 일을 위한 준비로서 의미가 있습니다. 에스더가 불가능한 상황에서 왕후로 간택을 받은 것은 이런 하나님의 섭리가 있었기에 가능했습니다. 물론 모르드개에게도 자기의 의지와 상관없이 하나님의 특별한 은혜가 임합니다. 모르드개는 왕을 살해하려던 음모를 미리 알고 이 사실을 에스더에게 알려 왕을 구하게 됩니다. 이것 역시 나중에 유다의 구원에 효과적으로 사용됩니다.

우리는 지금 자신의 선한 일이 사용되지 않는다고 불평하기 쉬운데, 알고보면 하나님은 더 좋은 일을 위해서 준비하시며, 때를 기다려 사용하는 것을 미루십니다. 주님을 위해서 준비된 것은 언젠가 사용될 날이 있습니다. 가장 좋은 날은 우리가 아닌 하나님만이 아십니다. 하나님의 때를 바라보면서, 하나님이 가장 선하게 사용하실 그날을 위해 서두르지 말고 꾸준히 준비하는 것이 필요합니다. 설익은 과일은 맛이 없으며, 그것을 따지도 않습니다. 완전히 영글고 단단해질 때까지 그대로 둡니다. 우리는 이런 과정을 잘 인내하면서 기다려야 합니다. 당장 눈에 보이는 것만 바라보고 불평하고 낙심하면 그것은 지혜로운 사람이 아닙니다.

크리스천 십대들이여! 지금 하는 이 일이 나중에 어떻게 사용될지 아무도 모릅니다. 최선을 다해 그것을 담아두면 언젠가는 아름답게 사용될 때가 있을 것입니다. 기억하십시오. 주 안에서 한 일은 결코 헛되지 않습니다.

# 지식의 한계

"아는 것이 힘이다"라는 유명한 말을 남긴 프란시스 베이컨을 알고 있을 것입니다. 그는 과학적 방법을 처음으로 공식화한 사람입니다. 베이컨은 자연을 이해하기 위해서는 먼저 마음속 선입견을 버려야 한다고 말했습니다. 그는 진실은 엄격한 의심을 유지하고 모든 추론을 위한 실험을 고안하면서 귀납적 방법으로 찾아야 한다고 주장했습니다. 그러나 그는 자신이 생각한 과학적 접근 방법에 너무 전념하다가 그만 세상을 떠나고 말았습니다.

베이컨은 "고기를 얼음에 보관하면 소금에 보관하는 것만큼 효과적일까?"라는 의문을 가집니다. 베이컨은 이것을 실험했습니다. 닭을 잡아서 창자를 제거하고 그 안에 내장 대신 눈을 채워 넣고, 그 위를 다시 눈으로 덮었습니다. 이 실험을 하다가 베이컨은 폐렴에 걸려 몸져누웠습니다. 결국 그것이 원인이 되어 그는 몇 시간 후에 죽어 버립니다. 실험하는 열정은 좋았지만 그것이 너무 과하여 미처 자기 몸을 돌보지 못했던 것입니다.

인간의 지식과 이성을 믿은 베이컨은 지식 발전의 초석을 다졌습니다. 서구의 이성과 지식으로 교육방법에 큰 영향을 끼쳤습니다. 지금도 우리의 공부는 대부분 이성을 사용한 지식공부입니다. 베이컨의 영향이라고 볼 수 있습니다. 그러나 그것은 한계가 있음을 항상 기억해야 합니다. 베이컨이 자기 몸이 차가워지는 것은 생각하지 않고 실험에 몰두하다 죽었듯이, 인간의 생각은 늘 부족하다는 것을 인정해야 합니다.

지식으로 안 되는 것이 있고 이성으로 안 되는 것이 많습니다. 특히 하나님을 믿을 때 이성과 지식으로 믿으려고 하면 모순에 걸리게 됩니다. 합리적이고 과학적인 추론에 따라 신앙을 이해하는 것은 베이컨처럼 그 지식으로 인하여 스스로 죽음을 초래할 수 있습니다. 지식과 이성을 넘어서는 영적

인 세계를 거부하는 지식은 매우 위험하며, 그런 공부는 나중에 멸망을 초
래하게 됨을 기억해야 합니다. 눈에 보이지 않게 간섭하시는 하나님의 손
길을 보는, 하나님을 아는 지식이야 말로 최고의 지식입니다. 보이는 지식
뿐 아니라 보이지 않는 지식까지 얻을 수 있다면 얼마나 좋을까요?

**03**

# 하만의 등장

"그들이 모르드개의 민족을 하만에게 알리므로 하만이 모르드개만
죽이는 것이 부족하다고 생각하고 아하수에로의 온 나라에 있는 유다인
곧 모르드개의 민족을 다 멸하고자 하더라 아하수에로 왕 제십이년 첫째 달 곧
니산월에 무리가 하만 앞에서 날과 달에 대하여 부르 곧 제비를 뽑아
열두째 달 곧 아달월을 얻은지라" (에3:6-7)

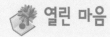 **열린 마음**

1 현재 나를 힘들게 하는 대적이 있다면 어떤 사람들인지 말해 보십시
오. 세상에 존재하는 악한 사람들의 유형을 함께 나누어 보십시오. 이
들을 대처하기 위한 방안도 있으면 말해 보십시오.

_____

_____

 **말씀 먹기**

● 에스더 3:1-15을 읽고 다음 질문에 답해 보십시오.

1 하만은 어떤 사람이며, 왜 하만은 모르드개를 죽이는 것뿐 아니라 모
르드개가 속한 유대민족을 다 멸하고자 했습니까? (1~6)

_____

💡 되새김 아각은 아말렉 족속의 왕이었으며, 아말렉은 신령한 축복인 장자의 기업
을 팔아먹은 에서의 후손입니다. 하나님이 사울에게 아말렉 족속을 진멸하라고 명령
했음에도 그는 아각의 목숨을 살려 두었습니다. 아말렉은 애굽에서 나온 이스라엘
사람들이 시내 광야에 이르기 전 르비딤에 있을 때 그들을 공격한 민족으로 그 후에
이스라엘과는 영원한 숙적이 되었습니다(참고. 출17:8~16; 신25:17~19). 하만은 이
스라엘과는 오래전부터 대적관계인 이런 아말렉의 후손입니다.

2 모르드개가 하만에게 무릎을 꿇지 않은 이유는 무엇입니까? (3~5)

💡 되새김 왕의 신하들이 모르드개에게 하만에게 무릎을 꿇지 아니하는 문제를 날마다 지적했지만 모르드개는 듣지 아니하고 자기가 유대인임을 알렸습니다. 이것에 대해 하만은 노하게 됩니다. 모르드개는 자신의 정체성이 분명했습니다. 정체성을 자기의 목숨보다 더 소중하게 여기는 모습은 대단한 믿음입니다.

나는 하나님의 자녀라는 것에 대해서 얼마나 자부심을 가지고 있습니까? 나는 정체성과 하나님 때문에 손해와 고난을 얼마나 당합니까?

**3 하만은 모르드개와 유대인을 죽이기 위해 어떤 계획을 세웠습니까?**

(7~9)

💡 되새김 하만은 모르드개와 유대인을 죽이는 문제를 건의하면서 왕에게 은 1만 달란트-2천만 달러(200억 정도)를 왕의 금고에 바친다고 말합니다. 뇌물로 왕의 마음을 사로잡는 것을 봅니다. 돈으로 사람의 생명을 사고 파는 모습은 요즘 세상과 같습니다.

**4 하만의 간교한 계획에 왕은 어떻게 응답했습니까? (10~11)**

💡 되새김 왕은 돈을 하만에게 돌려줍니다. 그리고 모든 것을 하만에게 맡기고 알아서 하도록 합니다.

분별력이 없는 왕을 봅니다. 사정을 자세히 알아보지도 않고 어떻게 한 민족을 멸하는 일을 이토록 쉽게 처리할 수 있을까 의문이 들 정도로 당시 바사의 정치는 부패했습니다. 사람의 생명보다 돈과 명예에 관심이 더 많은 세상 사람들의 모습은 지금도 여전합니다.

**4** 정월 13일(유월절 어린양을 잡기 전날)에 유대인을 죽이기로 한, 유대인 학살령의 내용에 대해서 말해 보십시오. (12~13)

_____

💡 되새김 왕의 조서는 정말 무섭습니다. 하루 동안에 모든 유다인을 죽이고 재산까지 모두 탈취하라는 내용입니다. 특이한 점은, 하만은 유대인들의 재물에 관심을 더 보인다는 것입니다.

**6** 하만은 왕의 조서를 어떻게 전국에 전달했습니까? 그리고 조서가 반포되었을 때 왕과 하만은 무엇을 했으며, 그때 당시 수산 성의 분위기는 어떠했습니까? (14~15)

_____

💡 되새김 도성 수산은 이 내용을 듣고 소란했지만, 왕과 하만은 술을 마시며 즐기고 있었습니다. 악한 인간의 모습을 그대로 보여 주는 것이라 할 수 있습니다. 사람이 죽는 소식을 전하면서 술을 즐기는 이들은 악한 사람의 대표적인 유형입니다.

다리오 왕의 도장

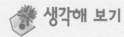

## 생각해 보기

1 하만에게 무릎을 꿇지 않는 모르드개의 모습을 통해서 발견되는 우리가 가져야 할 신앙의 모습을 말해 보십시오(참고. 딤후3:12). 또 하만이 제비를 뽑았는데 유대인을 죽이는 날이 아달월(12월)이었습니다. 니산월(4~5월)에 뽑았으니까 6개월 정도 시간이 남았습니다. 이것이 주는 영적 의미는 무엇입니까?

_____

_____

## 삶의 적용

1 나의 삶에서 세상과 타협하고 있는 것이 있으면 말해 보십시오. 어떤 점에서 힘든지 이유를 말해 보십시오.

_____

_____


2 오늘 깨달음과 도전을 주는 말씀은 무엇입니까?

_____

_____

# 하나님을 가슴에 품어라

하나님을 믿는 사람은 세상과 다른 거룩성이 있습니다. 언제 어디서나 이런 하나님의 자녀라는 정체성을 잃어버리면 안 됩니다. 길게 보면 정체성이 분명한 사람이 승리합니다. 진리를 따른다는 것은 자기 정체성을 지킨다는 의미가 있습니다. 십대부터 이런 정체성을 잘 다져야 합니다. 이것이 흔들리면 유행과 시류에 왔다 갔다 하는 사람이 될 수 있습니다. 하나님의 사람은 어디서나 자기자리를 지키고 하나님 앞에서 순종하는 모습을 가진 사람입니다. 모르드개가 바로 이런 사람입니다. 이방 바사 포로 중에서도 비굴하게 살지 않고 하나님을 더 소중하게 여기면서 살아가는 당시 유대인의 대표적인 모델이었습니다.

비록 문지기에 불과하지만 모르드개는 지위가 높은 하만에게 무릎을 꿇는 것을 거부합니다. 그것은 단순히 하만에 대한 거부가 아닌 악한 세력에 대한 거부이며, 그것에 굴복하지 않는 것입니다. 하만은 이것을 빌미로 모르드개뿐 아니라 유대인 전체에 대한 악의를 품고 멸하려고 합니다. 그러나 하나님의 편에서 보면 악의 상승세는 결국 악의 멸망을 자초하는 것입니다. 당장은 어려움을 당한다 할지라도 하나님이 역사의 주관자이심으로, 결국은 하나님이 역사를 이끄시고 인도하심을 믿고 그것을 인정해야 합니다. 모르드개의 절개는 어떤 위기상황에서도 오직 하나님만을 믿고 결단하는, 오늘날 그리스도인의 삶을 조명하고 있습니다. 하나님에 대한 믿음이 없으면 이런 일은 불가능합니다.

오늘 십대들이 품고 훈련해야 할 것은, 철저히 하나님 중심으로 살아가는 생활입니다. 하나님을 선택하는 것 때문에 세상에서 손해를 본다 할지라도 그것에 흔들리지 않고 자기 길을 가는 사람으로 자라야 합니다.

# 유리수와 무리수

공부하는 학생이라면 누구나 '피타고라스의 정리'를 알 것입니다. 이 법칙을 정리한 사람은 고대수학자요 철학자인 피타고라스입니다. 그는 수학학교를 세워 피타고라스학파를 세웠는데 여기에는 세속적인 야망을 버리고 배움의 발전에 몸 바친 약 600명의 사람들이 있었습니다. 피타고라스의 명성은 수학뿐 아니라 음악 법칙에도 발휘되어 화성음계 사이의 간격을 숫자로 해석했습니다. 한번은 피타고라스가 우연히 놋그릇을 만드는 가게 앞을 지나가다가 모루에 철 조각을 놓고 망치로 때리는 소리를 들었습니다. 그 소리는 하나를 제외하고는 조화를 이루었습니다. 피타고라스는 그 소리 속에 8도·4도·5도와 같은 소리가 있음을 알아챘습니다. 그는 4도와 5도 사이의 소리가 불협화음의 원인이면서도 가장 훌륭한 소리를 만들어 내는 것을 발견했습니다. 피타고라스의 핵심적인 주장은 모든 자연 상수가 유리수라는 것입니다. 숫자들은 반드시 두 개의 자연수로 표현되어야 하고 따라서 모든 자연세계는 정수와 분수로 표현되어야 한다고 주장했습니다. 숫자의 진리에 마음을 열면 우주와 조화를 이룰 수 있다고 설파했습니다.

피타고라스학파는 학문 단체이면서, 아울러 종교단체이기도 했습니다. 그러나 피타고라스의 주장은 틀렸습니다. 그의 학생이었던 히파수스가 2의 제곱근을 유리수로 표현하려고 했지만 유리수가 없다는 증거를 발견했습니다. 그것은 유리수가 아닌 무리수였습니다. 이런 중대한 발견에 피타고라스는 자신의 세계관이 무너지는 것을 인정하지 않았고, 그가 히파수스의 주장을 꺾지 못하자 히파수스를 익사시키라고 명령함으로써 그 문제를 없던 것으로 만들었습니다. 자기의 주장만 옳다고 말한 피타고라스는 수학의 가장 비극적인 사건이었습니다. 피타고라스가 죽고 난 후에 무리수는 안전하게 소생되었습니다.

아무리 탁월한 머리를 가지고 훌륭한 법칙을 만들어 냈다고 해도 그 사람의 인격과 도덕성에 문제가 있다면 가장 큰 법칙을 파괴하는 것입니다. 이론적인 학문이 아무리 발달해도 진리를 감추는 학문은 비극적인 일입니다. 이렇게 보면 최고의 학문은 진실한 공부입니다. 진리에서 벗어난 공부와 성공은 모든 사람을 위험하게 만듭니다. 나는 어떤 공부를 하고 싶습니까? 혹시 무리수를 두면서 자기를 지키려는 공부를 하고 있는 것은 아닙니까? 하만과 같이 무고한 사람을 죽이고 자기가 성공하려는 공부를 조심해야 합니다. 우리가 성경을 공부하는 것은 진실을 드러내고 그 진실에 목숨을 걸기 위함입니다. 이렇게 보면 성경공부가 없는 세상 공부는 위험합니다. 언제 어떻게 될지 모르는 방향 잃은 공부가 될 수 있습니다.

# 04

# 유대인의 위기 대처

"당신은 가서 수산에 있는 유대인을 다 모으고 나를 위하여 금식하되
밤낮 삼 일을 먹지도 말고 마시지도 마소서 나도 나의 시녀로 더불어 이렇게 금식한
후에 규례를 어기고 왕에게 나아가리니 죽으면 죽으리이다 하니라" (에4:16)

현대 정통파 유대인

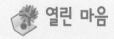 **열린 마음**

**1** 인생의 위기를 맞은 때가 있었습니까? 또는 집안이나 주변에서 그런 예가 있었으면 말해 보십시오.

_____

_____

 **말씀 먹기**

● 에스더 4:1-17을 읽고 다음 질문에 답해 보십시오.

**1** 유대인을 말살하라는 왕의 조서가 전국에 반포된 사실을 알게 된 모르드개와 유대인들은 어떻게 행동했습니까? (1~3)

_____

_____

💡 되새김 반포된 조서는 유대인에게는 참담하고 절망적인 소식이었습니다. 아무런 이유도 없이 민족 전체가 죽임을 당해야 하는 유대인의 아픔은 대단했을 것입니다. 힘없는 식민지 상황에서 유대인은 하나님에게 매달립니다. 금식하며 대성통곡하고 재에 누운 자들의 모습은 철저하게 하나님에게 매달리는 모습입니다. 하나님을 섬기는 사람들의 모습입니다. 그리스도인은 위기가 오면 당황하지 말고 하나님에게 매달려야 합니다. 매달릴 수 있는 하나님이 계시다는 것이 얼마나 행복한 일입니까?

**2** 에스더는 모르드개가 베옷을 입고 있다는 소식을 전해 듣고 모르드개에게 무엇을 보냈습니까? 이런 에스더의 행동에 대해 모르드개는 어떻게 반응했습니까? (4-6)

 

 

💡 **되새김** 모르드개가 입은 베옷을 벗기고자 하는 에스더의 행동은 아직 상황파악을 하지 못하는 모습입니다. 궁정에 있으면 민생이 어떻게 돌아가는지 그 실상을 알기가 어렵습니다. 높은 자리는 지혜롭기보다는 눈과 귀가 막혀 어리석을 수 있는 곳입니다.

**3** 내시 하닥을 통하여 모르드개가 에스더에게 전한 유대인들의 위기 상황은 무엇입니까? (7~9)

 

 

💡 **되새김** 하닥은 에스더와 모르드개를 오가면서 중재하는 역할을 합니다. 에스더에게 믿고 맡길 수 있는 하닥과 같은 사람이 있다는 것은 다행스러운 일입니다. 충실한 종이 있다는 것 자체가 행복입니다. 이것 또한 하나님의 은혜입니다. 모르드개는 왕에게 나아가서 자기 민족을 위하여 구하라고 말합니다. 이때가 바로 에스더가 자신이 유대인임을 알리는 순간입니다.

**4** 에스더는 하닥의 보고를 듣고 모르드개에게 자기의 상황이 좋지 않음을 알렸는데, 그 상황에 대해 말해 보십시오. (10~12)

 

 

💡 되새김 에스더는 왕에게 부름을 받지 못한 지 30일이나 되었다고 말하면서 부름 없이 나아가면 죽임을 당한다고 말합니다. 단, 왕이 금규를 내밀 경우엔 가능하다고 말합니다. 쉽게 말하면 99퍼센트는 불가능하고 1퍼센트는 가능하다는 말입니다. 불안해 하며 주저하는 연약한 에스더를 봅니다.

**5** 모르드개는 에스더가 자기의 상황이 좋지 않음을 들어 행동을 주저하는 것을 보고 어떻게 권면했습니까? (13~14)

_____

_____

💡 되새김 모르드개는 에스더가 왕궁에 있다고 해서 혼자 살 거란 생각은 하지 말라고 합니다. 이때 잠잠하면 유대인은 다른 데로서 구원을 받지만 너는 멸망하게 된다고 경고하면서, 왕후가 된 것이 바로 이때를 위한 것이라고 말합니다. 이것은 모르드개가 어떤 믿음을 가졌는지 보여 주는 대목입니다. 사람은 한 번을 위해서 살아갑니다. 인생은 한 번 죽는 것인데 그 죽음을 주님을 위해 쓸 수 있다면, 그것은 가장 행복한 일이 아닐까요?

**6** 에스더가 모르드개의 권면을 듣고 밝힌 결심은 무엇입니까? 모르드개는 그것에 대해 어떤 조치를 취했습니까? (16~17)

_____

_____

💡 되새김 에스더는 모르드개의 말을 듣고 왕 앞에 나아갑니다. 이때 규례를 어기고 나아가는 모습이 인상적입니다.
또, 죽으면 죽으리라는 마음을 가지고 자신을 다 바치는 결단은 하나님을 움직이는 힘입니다. 그리고 사흘 동안 밤낮으로 금식하는데 이것은 하나님에게 자신의 모든 것을 맡기는 것을 의미합니다. 인간적으로는 불가능한 일이지만 하나님이 해결해 주시면 된다는 믿음을 가지고 하나님께 무릎을 꿇은 믿음의 모습은 감동 그 자체입니다. 십대들이 이런 믿음을 가진다면 얼마나 좋을까요?

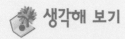 생각해 보기

1 처음에는 자신의 상황 때문에 망설이다가 나중에는 '죽으면 죽으리
   라'고 결심한 에스더의 태도가 오늘날 우리에게 주는 신앙적 도전에
   대해 말해 보십시오. 아울러 에스더가 행동하지 않으면 다른 데서
   유대인이 구원을 받는다는 말의 뜻을 생각해 보십시오. (참고. 단
   3:13~18)

   _____

   _____

 삶의 적용

1 나는 어려운 문제가 닥쳤을 때 어떻게 문제를 해결합니까?

   _____

   _____

2 오늘 깨달음과 도전을 주는 말씀은 무엇입니까?

   _____

   _____

# 자기를 드리는 삶을 살라

에스더는 모르드개를 통해 들은 위기에 처한 유대민족의 실상을 알고 나서, 결국 이 일에 자기가 쓰임을 받아야 한다는 생각을 갖게 됩니다. 에스더는 하만의 유대인 말살 계획을 무력화시키기 위해서 '죽으면 죽으리라'는 각오를 갖고 아하수에로 왕에게 나아갑니다. 이것은 기도와 금식을 하면서 내린 결단으로, 에스더 자신만의 결단이라기보다는 하나님의 도우심으로 인하여 나타난 행동입니다. 에스더의 이런 결단은 하나님이 있었기에 가능했습니다. 에스더는 오직 하나님만 의뢰하는 신앙을 가지고, 자기를 제물로 삼아 하나님 앞에 나아갔습니다. 위대한 역사는 자기를 포기하고 나아갈 때 일어납니다. 하나님은 자기를 완전히 드리고 나아갈 때 움직이십니다.

왜 하나님에게 자신을 드리기 어렵습니까? 그것은 하나님이 나의 인생에서 우선순위 1번이 되지 못하기 때문입니다. 하나님이 우선이 되지 못하고 자신이 우선이 되면, 자기의 목숨을 던지는 결단은 힘듭니다. 하나님이 나의 인생에서 제일된 목표가 되는 것은 쉽지 않습니다. 생각은 하지만 그것이 나의 가슴과 행동으로 오기까지는 많은 연단과 고난이 필요합니다. 신앙생활 한다는 것은 하나님 앞에 자신을 드리고 오직 하나님만 영광을 올리는 것입니다. 신앙은 나를 위해 존재하기보다는 하나님을 위해 존재합니다. 하나님을 위할 때 그것은 곧 나를 위한 것이 됩니다. 이를 위해 십대 시절부터 사소한 일일지라도 자신을 드리는 것이 중요합니다.

동물과 식물을 보십시오. 인간을 위해 자신을 다 바치고 갑니다. 하물며 우리 인간은, 우리를 만드신 하나님을 위해 당연히 자신을 드리는 삶을 살아야 하지 않겠습니까?

# 사해와 같은 죽은 사람

이스라엘에 가면 세계 어디서도 볼 수 없는 불가사의 호수 중에 하나인 사해(死海)가 있습니다. 사해의 수면은 해면보다 약 395킬로미터나 낮습니다. 세계에서 가장 낮은 수면의 호수입니다. 여기에 들어오는 물은 흘러가지 않고 고이게 되며, 가득 채운 뒤에는 증발해서 하늘로 올라갑니다. 그리고 북쪽 요단 강에서 흘러 온 물속에 있는 광물질은 모두 호수에 남게 됩니다.

사해에는 나트륨, 칼륨, 마그네슘, 염소, 브롬 등 다양한 광물질이 함유되어 있습니다. 사해는 세계에서 가장 짠 호수입니다. 사해물은 바닷물의 6배 이상이나 되는 염분을 함유하고 있습니다. 바닷물의 염도는 3퍼센트 정도이지만 사해는 23~25퍼센트 입니다. 이렇게 염분이 많기에 사해의 물은 보통의 물보다 무겁습니다. 사람이 수면에 누우면 머리와 어깨를 수면 밖으로 드러내 놓은 채 두둥실 뜰 수 있습니다. 바람이 불어도 파도가 일지 않습니다. 당연히 동물이나 고기는 살 수 없습니다. 신기한 호수입니다.

사람은 두 종류가 있습니다. 자기를 바쳐서 남을 위해 사는 사람과 오직 자기만을 위해 살다가 죽는 사람입니다. 자기만 아는 사람은 다른 사람들이 함께하기 어렵고, 다른 사람들이 그와 더불어 살 수 없는 사해와 같은 사람입니다. 우리는 갈릴리 호수와 요단 강과 같은 사람이 되어야 합니다. 다른 사람에게 유익을 주고 다른 사람을 살리는 사람이 되어야 합니다. 그리스도인은 모두 자기를 위해서 죽는 사람이 아니고 다른 사람을 위해서 죽는 사람입니다. 왜냐하면 이미 주님으로부터 구원을 받았기 때문입니다.

# 05

# 에스더의 결단

"내가 만일 왕의 목전에서 은혜를 입었고 왕이 내 소청을 허락하시며
내 요구를 시행하시기를 좋게 여기시면 내가 왕과 하만을 위하여 베푸는 잔치에
또 오소서 내일은 왕의 말씀대로 하리이다 하니라" (에5:8)

하만을 초대한 에스더

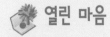 **열린 마음**

**1** 지금까지 살아오면서 인생의 결단이 필요한 때가 있었나요? 또 앞으로 살아가면서 결단을 해야 할 때가 언제일 것이라고 생각이 되는지 이야기해 보십시오.

_____

_____

 **말씀 먹기**

● 에스더 5:1-14을 읽고 다음 질문에 답해 보십시오.

**1** 중보기도의 후원을 받으면서, 죽으면 죽으리라는 결단을 갖고 30일 만에 왕 앞에 나아가는 에스더의 마음이 어떠했을지 말해 보십시오. (1)

_____

_____

> 💡 되새김 금식을 마친 후에 왕후의 예복을 입고 왕궁 안 뜰, 곧 어전으로 나서는 에스더의 모습은 결연합니다. 이미 죽음을 각오하고 나선 에스더에게 인간적인 욕심은 없습니다. 하나님에게 자신을 한번 드린다는 것은 생각만 해도 멋있는 일입니다. 이것은 믿음 없이는 불가능한 일입니다.

**2** 왕후 에스더를 본 왕은 어떤 태도를 취했습니까? (2~3) 여기에 나타난 하나님의 간섭은 무엇입니까?

💡 되새김 왕은 에스더를 본 순간 매우 사랑스럽게 여깁니다. 그리고 금규를 내밀어 에스더의 소원을 들어줍니다. 전혀 기대하지 않았던 모습입니다. 불가능한 1퍼센트의 기적이 일어난 것입니다. 이것은 하나님이 하신 일입니다. 자신을 드릴 때 하나님은 환경과 사람의 마음을 움직여 역사를 이루십니다.

**3** 에스더의 환심을 사려고 소원을 묻는 왕에게 에스더는 어떤 초청을 했습니까? (4)

💡 되새김 에스더는 즉각적으로 자기의 소원을 말하지 않고 잔치에 초청을 합니다. 왕과 하만을 초청하는 에스더의 지혜와 준비를 봅니다. 지금 에스더는 소원을 말하려 간 것이 아니라 잔치에 초청하기 위해 간 것입니다. 왕의 기대와 전혀 다른 모습입니다. 이것은 에스더가 금식 중에 받은 하나님이 주신 지혜라고 볼 수 있습니다. 무조건 왕에게 말한다고 되는 상황이 아닌 것을 생각하면 이것은 대단한 지혜입니다.

**4** 왕은 에스더의 잔치 초청에 어떻게 답했습니까? (5)

💡 되새김 왕은 에스더의 말대로 하만과 함께 에스더가 베푼 잔치에 나갑니다. 하만은 자기에게 무슨 일이 닥칠지도 모르고 함께 갑니다. 이것이 어리석은 자의 모습입니다. 어리석은 자는 자기가 행하는 일을 잘 모릅니다.

**5** 에스더의 환심을 사려고 안달이 나 있는 왕에게 에스더는 자기의 요

구를 당당히 밝히고 있는데, 그 내용은 무엇입니까? (6~8)

_____

_____

💡 되새김 에스더는 왕에게 두 번째 잔치 초청을 합니다. 초청을 다시 미루면서 왕에게 호기심과 기다림을 갖게 합니다. 왕은 점점 궁금해집니다. 이것은 에스더가 노린 것이기도 했습니다. 에스더가 말하고자 하는 것이 중요한 일임을 알게 하면서 문제에 집중하도록 하는 에스더의 전략은 놀라운 것입니다. 급할수록 여유를 가지고 문제를 접근하는 치밀성이 보입니다.

**6** 하만은 집에 돌아와서 아내에게 어떤 자랑을 했습니까? 그럼에도 하만의 마음에 만족함이 없는 이유는 무엇입니까? (9~12)

_____

_____

💡 되새김 하만은 왕후의 잔치에 왕과 같이 자기가 초청받은 것에 대해서 흐뭇해하며 오다가 모르드개가 여전히 몸을 꿈쩍도 않고 절을 하지도 않는 모습을 보고 화를 냅니다. 위급한 상황임에도 모르드개가 여전히 자기의 소신을 굽히지 않는 모습은 하만의 속을 뒤집을 만합니다.
하만은 아내에게 자기만이 왕후의 초청을 받았다고 자랑합니다. 자기의 마지막을 모르고 좋아하는 어리석은 하만은 스스로 지혜롭다고 여기는 우매한 사람의 표본입니다.

**7** 모르드개가 계속 거슬린 하만은 결국 유대인을 죽이기로 한 날까지 기다리지 못하고 모드르개를 위해 어떤 계획을 세웠습니까? (13~14)

_____

_____

💡 되새김 하만은 모르드개로 인하여 불만이 쌓이자 그의 아내와 친구들의 제안으

로 높이가 오십 규빗이 되는 나무를 만들어 세우는 등 모르드개 처형 계획을 세웁니다. 모르드개를 나무에 매달아 처형하려는 하만의 생각과 그 주변 사람들은 악한 사람의 전형적인 모습입니다. 악한 사람은 생명에는 관심이 없고 오직 자기의 욕심과 만족에만 관심이 있습니다.

 생각해 보기

1. 에스더는 왜 하만을 잔치 자리에 초청했습니까? 그리고 왜 에스더는 자기의 속마음을 말하지 않고 하만을 다음날 잔치에 또 다시 초청하면서 시간을 끌었습니까? (참고. 잠1:5)

_____

_____

 삶의 적용

1. 어려운 문제를 해결하는 데 필요한 것은 지혜와 기다림입니다. 나에게 에스더와 같은 지혜와 여유는 어느 정도 있다고 봅니까?

_____

_____


2. 오늘 깨달음과 도전을 주는 말씀은 무엇입니까?

_____

_____

# 지혜는 언제 오는가?

에스더는 이스라엘을 구하기 위해 죽을 각오로 왕 앞에 나섭니다. 그러나 위기는 기회가 되어 에스더는 왕의 사랑을 이전보다 더 받게 됩니다. 이것은 금식과 기도로 하나님의 도우심을 준비했기 때문입니다. 에스더가 베푼 잔치에 하만이 초청을 받습니다만 그것은 하만의 죽음을 앞당기는 결과를 가져옵니다. 하만은 자신이 에스더의 신임을 받은 것으로 착각하여 더욱 기고만장해 모르드개를 공개처형하기로 마음먹고 높은 장대를 세웁니다. 하지만 결국 하만은 그 장대에 자기가 매달리는 비운을 맞이합니다. 하나님이 하시고자 하면 아무리 인간이 애를 써도 그것은 이룰 수 없습니다.

죽음의 위험을 무릅쓰고 왕 앞에 나선 에스더에게 하나님의 은혜가 임합니다. 왕과 하만을 함께 잔치에 초청하면서 구원의 계획이 진행됩니다. 특히 주도면밀한 계획 속에 지혜롭게 문제를 해결해 나가는 에스더의 모습과 어리석은 하만의 모습은 대조를 이룹니다. 하나님을 위해 지혜를 구하면 에스더처럼 지혜를 주십니다. 그리고 용기와 적절한 때를 주십니다.

위기를 해결하는 것은 인간의 노력과 결심만으로는 안 됩니다. 하나님이 도와주셔야 하고 하나님이 지혜를 주셔야 합니다. 지혜는 언제 주실까요? 그것은 자신의 생각을 포기하고 하나님의 뜻에 순종할 때입니다. 순종이야 말로 지혜를 얻는 비결입니다. 지혜를 간절히 원한다고 지혜가 오는 것이 아닙니다. 하나님에게 자신을 헌신하고 드릴 때 하나님은 위기를 해결할 수 있는 지혜를 주십니다. 이 소원이 하나님을 위해서인지, 자신을 위해서인지 나보다 하나님이 더 잘 아시기 때문입니다.

# 생물 호흡과 신앙 건강

살아 있는 것은 모두 호흡을 합니다. 공기를 얻지 못하면 모든 생물은 죽습니다. 호흡을 통해 산소를 몸으로 끌어 들이고 나쁜 이산화탄소를 밖으로 내뿜습니다. 우리의 신체는 받아들인 산소를 사용해 음식을 연소시켜 열과 에너지를 얻습니다. 그때 생기는 이산화탄소와 수분은 호흡에 의해 몸 밖으로 버려집니다.

말미잘이나 산호 같은 것은 호흡 기관을 따로 갖고 있지 않습니다. 그들은 피부를 통해 물에 녹은 산소가 몸속으로 들어오고, 반대로 물에 녹는 이산화탄소가 밖으로 나갑니다. 지렁이의 호흡은 약간 더 복잡합니다. 지렁이는 체내에 특별한 액체, 즉 혈액을 가지고 있는데 이것은 피부를 통해 외부 공기로부터 받아들인 산소를 내부의 기관으로 운반합니다. 체내에서 생긴 이산화탄소는 혈액에 녹아 피부를 통해 밖으로 내보내집니다. 곤충의 호흡은 배를 통해 이루어집니다. 배를 보면 한 마디마다 좌우 하나씩 작은 구멍이 나 있습니다. 이 구멍을 기문(氣門)이라고 합니다. 여기서 나온 기관(氣管)이라는 관이 나뭇가지처럼 나뉘어져 몸 전체에 촘촘하게 퍼져 있습니다. 즉 기문으로 들어간 공기는 기관을 통해 몸 구석구석까지 이르러 조직에 산소를 전달하고, 조직에서는 이산화탄소를 받아들여 기문을 통해 밖으로 배출합니다. 이렇게 곤충은 많은 호흡기관을 가지고 있지만 인간은 오직 하나입니다. 코로 숨을 쉬고 코로 숨을 내 뱉습니다. 이것이 원활하게 일어나지 않으면 생명을 잃게 됩니다. 호흡이 끊어지면 인간은 죽습니다.

호흡은 육적인 것이지만 영적인 것은 하나님과 관계를 맺는 것입니다. 하나님에게 기도하는 것을 영적 호흡이라고 말합니다. 인간은 늘 하나님을 바라보고 주님의 도움을 구하며 살아야 합니다. 기도를 통해 나쁜 악과 죄는 토해 내고 하나님의 은혜는 받아들인다면 우리는 영적으로 건강하게 될 것입니다.

# 06

# 몰락하는 하만,
# 영광을 얻는
# 모르드개

"그날 밤에 왕이 잠이 오지 아니하므로 명령하여 역대 일기를 가져다가
자기 앞에서 읽히더니 그 속에 기록하기를 문을 지키던
왕의 두 내시 빅다나와 데레스가 아하수에로 왕을 암살하려는 음모를
모르드개가 고발하였다 하였는지라" (에6:1-2)

**열린 마음**

1 왜 세상에는 선과 악이 존재합니까? 또 세상에서는 선보다 악이 더 번성하는 것 같은 이유는 무엇입니까? 다른 사람을 힘들게 하면서도 일이 잘 풀리고 성공하는 사람들을 보면서 나는 어떤 생각을 하는지 말해 보십시오. 주위에 그런 예는 없습니까?

_____

_____


**말씀 먹기**

● 에스더 6:1-14을 읽고 다음 질문에 답해 보십시오.

1 밤에 잠이 오지 않자 왕은 앉아서 어떤 일을 했습니까? (1)

_____

_____

💡 되새김 곧 있으면 모르드개는 죽게 될 위기에 처합니다. 모르드개는 이것을 모르고 있습니다. 그러나 하나님은 알고 계십니다. 하나님은 왕을 그날 밤에 움직여 잠을 오지 않게 함으로 구원의 일을 시작하십니다. 놀라운 하나님의 은혜입니다. 여기서 선택받은 사람에게 향하는 하나님의 마음을 보게 됩니다.

2 역대일기를 읽는 중에 어떤 대목이 왕의 관심을 끌었습니까? 왕은 그것에 대해 어떤 반응을 보였습니까? (2~3)

51

💡 되새김 역대일기를 읽는 중에 자기가 죽다가 살아난 것을 구해 준 모르드개의 일에 관심을 갖습니다. 그리고 모르드개가 상을 받지 않은 사실에 의문을 갖습니다. 아마 이전에 상을 받았다면 지금 왕의 주목을 받지 못했을 것입니다. 선한 행위를 하나님이 가장 좋은 때에 사용하시는 것을 봅니다. 지금 하는 일이 주목을 받지 못해도 언젠가는 귀하게 사용될 것입니다.

**3** 이때 왕의 뜰에 온 사람은 누구이며, 무엇 때문에 왔습니까? (4)

_____

_____

💡 되새김 하만이 모르드개를 나무에 매다는 문제를 왕에게 고하려고 왔다가 마침 왕의 부름을 받습니다. 하나님이 절묘하게 시간을 맞추는 것을 봅니다. 인간이 하는 일은 하나님의 섭리 속에 움직입니다. 인간 스스로 하는 일은 없습니다.

**4** 왕이 하만에게 자기가 행하고자 하는 일을 어떻게 했으면 좋겠는지 물을 때 하만은 어떤 제안을 했습니까? 왜 이런 제안을 했습니까? (5~9)

_____

_____

💡 되새김 하만은 왕의 제안이 자기에게 하는 말인 줄 알고 가장 좋은 제안을 합니다. 악한 사람은 자기에게만 관심이 있습니다. 다른 사람보다 자기의 유익만 보고 모든 일을 행하고 말을 합니다.

**5** 하만이 왕의 명대로 행한 모습을 정리해 보십시오. (10~11)

💡 되새김 하만은 자기를 위해서 한 제안이 자기가 가장 미워하는 모르드개에게 주어지면서 치욕스러운 일을 당하게 됩니다. 서서히 반전이 일어나는 것을 봅니다. 하만이 성을 다니면서 외칠 때 그때의 비참함은 가히 상상이 갑니다.

**6** 이런 일은 하만에게는 치욕스러운 일이었지만 모르드개에게는 영광스러운 일이었습니다. 이 일이 있은 후에 두 사람의 모습을 말해 보십시오. (12-13)

💡 되새김 모르드개는 문지기의 일상으로 다시 돌아갑니다. 하만은 괴로워하며 친구들에게 이 사실을 말합니다. 그리고 지혜로운 한 사람과 아내가 만약 정말 모르드개가 유대인이면 결코 이기지 못하고 그 앞에서 엎드러진다고 말합니다. 이것은 당시 유대인에 대한 그들의 시각을 보여 주고 있습니다. 어느 정도 유대인의 하나님에 대해서 두려워하고 있었던 것으로 보입니다.

**7** 이런 일이 끝나기도 전에 하만은 이전에 약속된 일을 해야 했는데 그것은 무엇입니까? (14)

💡 되새김 왕의 내시들은 알지 못할 두려움에 사로잡혀 있는 하만을 데리고 에스더가 베푼 잔치에 서둘러 나아갑니다. 이것은 죽음의 사자가 와서 죽음의 형장으로 끌고가는 모습과 같습니다. 하만의 미래가 점점 어두움으로 뒤덮이는 것을 볼 수 있습니다.

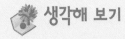

## 생각해 보기

1 왕은 왜 갑자기 잠을 이루지 못했습니까? 왕이 마음을 결정한 시기에 맞추어서 하만이 온 것은 우연한 일이 아니라 하나님의 섭리 속에서 이루어진 일임을 알 수 있습니다. 오늘 본문을 통해서 하나님의 간섭 하심을 느낄 수 있는 내용들을 말해 보십시오. (참고. 롬8:28)

_____

_____


## 삶의 적용

1 나의 삶에서 하나님의 간섭하심을 경험한 일이 있으면 말해 보십시 오.

_____

_____


2 오늘 깨달음과 도전을 주는 말씀은 무엇입니까?

_____

_____

# 보이지 않게 일하시는 하나님

이 세상에 일어나는 어떤 일도 우연히 일어나는 일은 없습니다. 분명한 목적을 향해 역사가 진행되고 있습니다. 개인이나 나라나 인류를 향한 일은 하나님의 손안에서 이루어집니다. 사람의 꾀와 힘으로 일을 이루려고 하면 할수록 일이 더욱 복잡해지고 어려워집니다. 하나님의 손길을 믿고 그때를 기다리면서 묵묵히 자기의 일을 충실히 하는 것이 하나님을 믿는 자녀의 모습입니다. 하나님이 풀어 주시지 않으면 인간의 힘으로는 불가능합니다. 하나님을 믿고 기도하면 하나님은 그 기도에 응답해 주십니다. 하나님은 어떻게 응답해 주십니까? 사람을 움직여서 일하십니다. 아하수에로 왕이 잠 못 든 것은 이미 하나님이 아하수에로 왕을 움직였음을 의미합니다. 하나님은 누구라도 움직일 수 있습니다. 불가능한 일이 없는 하나님이십니다. 이런 면에서 보면 우리의 기도는 대단한 위력이 있습니다.

기도할 때 하나님은 움직이십니다. 지금도 우리의 기도를 들으시고 하나님은 일하고 계십니다. 하나님이 어떻게 일하는지 우리는 알 수 없지만 하나님은 여전히 일하고 계십니다.

이것을 믿는다면 인내를 가지고 하나님의 역사를 기다려야 합니다.

나는 나의 일에 하나님의 간섭을 느끼고 있습니까? 지금도 일하시는 하나님의 모습을 믿는다면 어떤 경우에도 두려워하거나 불안해하지 않을 것입니다. 하나님은 가장 좋은 때를 찾아서 그때를 기다리십니다. 우리는 하나님의 그때를 바라보면서 살아가는 자세가 필요합니다.

# 지진과 하나님

지진은 어떻게 일어나는 것일까? 지진은 주로 지각이 취약한 데가 흔들려서 틈이 벌어질 때 일어나는 현상입니다. 우리가 사는 땅은 언뜻 보면 안전하게 보여도 틈이 있습니다. 겉보기에는 지구가 튼튼하게 보여도 어떤 부분은 지반이 약합니다. 거기에 강한 힘이 작용하면 지각이 변동을 일으킵니다. 그러면 지각의 약한 부분은 암석층이 찌그러지거나 압력을 견디지 못해 끝내는 갈라져 틈이 생기고, 그 양쪽이 어긋나게 됩니다. 이때, 감아 놓은 태엽이 갑자기 풀리듯이 탄성 에너지가 해방되고, 그것이 진동이 되어 지각 속으로 전해집니다. 이것이 우리가 느끼는 지진의 현상입니다. 이런 진동은 수천 킬로미터 떨어진 데까지도 전달됩니다. 지진이 나면 건물이 무너지고 틈바귀 속에서 화재가 나고 사상자가 생깁니다.

지진이 가장 자주 일어나는 지역은 일본입니다. 거의 매일 한 번씩 지진이 일어납니다. 대부분 작은 지진이어서 감지를 잘 못하고 피해는 없습니다. 그러나 큰 지진이 일어나면 수천 명의 사상자를 내기도 합니다. 지진은 언제 일어날지 모릅니다. 하나님이 지구를 붙잡아 주지 않으면 지구는 순식간에 틈이 벌어져 멸망할 수 있습니다. 인간은 지구를 붙잡을 수 없습니다. 그것은 하나님이 도와주지 않으면 힘듭니다. 지진이 나는 것 자체를 막을 수 없습니다. 아무리 과학이 발달해도 지구의 틈을 메우지는 못합니다. 지금 우리가 사는 이 땅은 불안한 곳입니다. 언제 어디서 틈이 생길지 모릅니다. 이것을 안다면 늘 겸손하게 살아갈 수밖에 없습니다. 하나님을 의지하는 믿음이 없으면 우리는 단 하루도 살아갈 수 없습니다. 땅을 갈아엎어 버리듯이 지구를 뒤집으면 인류는 한순간에 멸망합니다. 이런 사실을 안다면 인간은 겸손하게 하나님의 도우심을 구하면서 살아야 합니다.

# 07

# 하만의
# 죽음

"아하수에로 왕이 왕후 에스더에게 말하여 이르되 감히 이런 일을 심중에 품은
자가 누구며 그가 어디 있느냐 하니 에스더가 이르되 대적과 원수는 이 악한 하만이니
이다 하니 하만이 왕과 왕후 앞에서 두려워하거늘" (에7:5-6)

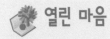 열린 마음

1. 어리석은 사람과 지혜로운 사람의 특징들을 각각 열거해 보십시오.

1)

_____

2)

_____

3)

_____

4)

_____

 말씀 먹기

● 에스더 7:1-10을 읽고 다음 질문에 답해 보십시오.

1 하만을 초청한 에스더가 베푼 둘째 날의 잔치에서 왕이 먼저 에스더
에게 반복적으로 물었던 내용은 무엇입니까? (1~2)

_____

_____

💡 되새김 왕은 에스더에게 빠져 자꾸 소원이 무엇이냐고 묻습니다. 왕이 얼마나 궁금했을까 충분히 상상이 갑니다. 그리고 나라의 절반이라도 주겠다고 말합니다. 여기서 왕의 교만함을 봅니다. 나라를 자신의 힘으로 마음대로 할 수 있다고 생각하는 교만함을 여지없이 드러냅니다.

2 에스더가 왕의 물음에 어떤 대답을 했는지 말해 보고, 그 말에서 지혜로운 점을 찾아보십시오. (3~4)

_____

_____

💡 되새김 에스더는 먼저 소원을 말하지 않고 왕과 자신과의 관계를 말합니다. 자신이 위급하게 되었고 아울러 자기 민족이 어려움을 처하게 되었다고 말합니다. 민족보다는 자신에게 관심을 갖게 하면서 문제를 해결하는 모습을 봅니다.

3 에스더가 하만을 앞에 두고 하만을 지목했을 때 하만은 어떻게 했습니까? (5~6)

_____

_____

💡 되새김 에스더는 가능한 왕의 급한 모습을 적극 사용하는 지혜를 보입니다. 왕은 빨리 그가 누구인지 이름을 대라고 말합니다. 그리고 그가 어디 있느냐고 말합니다. 에스더는 하만을 지목하면서 왕이 지금 요구하는 두 가지를 모두 충족하게 됩니다. 이때 하만은 너무 급작스러운 일에 두려워하게 됩니다. 에스더 바로 앞에서 꼼짝 없이 당하는 하만을 봅니다. 만약 하만이 멀리 있었다면 문제가 어렵게 될 수도 있습니다.

4 왕이 노하여 잠시 자리를 피한 사이에 하만과 에스더 사이에는 어떤

일이 일어났습니까? 왕이 다시 돌아왔을 때 왕을 더욱 노하게 한 일은 무엇입니까? (7-8)

_____

_____

💡 되새김 왕은 너무 노하여 밖으로 나갑니다. 왕도 갑자기 충격을 받아 이 문제를 어떻게 처리해야 할지 고민했을 것입니다. 이것을 해결하기 위해 잠시 나갔다고 볼 수 있습니다. 그 사이에 하만이 에스더에게 매달려 목숨을 구합니다. 그러나 이로 인해 더욱 위험에 처하게 되고 결국 하만은 붙잡히게 됩니다. 순식간에 벌어진 이 일은 시간의 전개가 아주 빠릅니다. 그렇지 않으면 오히려 에스더가 위태해질 수 있는 촌각을 다투는 상황입니다.

**5** 내시 하르보나가 왕에게 모르드개의 일과 관련하여 이전에 일어난 일을 고하자 왕은 어떻게 조치했습니까? (9~10)

_____

_____

💡 되새김 내시 하르보나가 덧붙이는 말은 하만을 죽음에 이르게 합니다. 모르드개를 매달고자 한 나무가 준비되었다고 하자 왕은 즉시 그 나무에 하만을 매달라고 말합니다. 왕은 처음부터 지금까지 모든 문제를 감정적으로 급하게 처리하는 모습을 보입니다. 처음에 왕후 와스디를 폐위시킨 것도 이런 그의 성격이 일조를 했는데, 여기서도 그대로 발

바사의 군인

휘되어 결국 하만을 단번에 죽게 만듭니다. 왕의 노가 하만이 죽자 그쳤다고 말한 것으로 보아, 왕의 노를 하나님이 적극 사용하신 것을 알 수 있습니다.

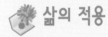
## 생각해 보기

**1** 에스더가 왕의 호의적인 질문에 즉시 대답하지 않고 대답을 최대한 미루면서 두 번째 잔치까지 끌어온 이유는 무엇입니까? 첫 번째 잔치 이후에 하만의 지위가 갑자기 몰락하고 모르드개가 높아진 것과 연관하여 생각해 보십시오.

_____

_____


## 삶의 적용

**1** 나의 삶에서 반전을 이루었던 때가 있습니까? 에스더를 통해 가져야 하는 나의 믿음의 모습을 말해 보십시오.

_____

_____

**2** 오늘 말씀을 통해 발견한 기도제목은 무엇입니까? 아울러 함께 기도의 시간을 가지십시오.

_____

_____

# 일시적인 성공자와 영원한 승리자

에스더이야기 전체를 놓고 볼 때, 하만이 죽는 장면은 에스더서의 클라이맥스와 같습니다. 에스더가 왕 앞에서 하만의 흉계를 폭로합니다. 에스더가 자신의 죽음을 각오하고 하나님만 의지하고 민족의 생존을 위해 왕이 가장 신임하는 하만을 고발하는 장면은 우리의 가슴을 저미게 합니다. 자신의 의지라기보다는 전적으로 믿음에 의한 용기라고 할 수 있습니다. 결국 왕의 마음이 움직여 하만은 비참한 최후를 맞이합니다. 하나님에 대항하는 자의 말로가 어떤지를 보여 주는 좋은 예입니다. 하만은 변명 한마디도 못하고 바로 나무에 매달려 죽습니다. 여기서 에스더이야기는 분위기가 절정으로 치달으며 위기가 환희로 반전됩니다. 어떻게 선한 사람이 높임을 받고 악한 사람이 몰락하는지 그 과정을 극적으로 보여 주고 있습니다. 이런 모든 것들은 어느 인간이 만든 작품이라기보다는 역사 뒤에서 은밀히 진행하시는 하나님의 섭리임을 알 수 있습니다.

악한 사람은 결국 멸망합니다. 그리고 악인의 멸망은 순식간에 일어납니다. 아무도 예측할 수 없는, 본인도 알 수 없는 상황에서 멸망이 빠르게 다가옵니다. 미련한 사람은 자기가 죽음의 길을 가고 있는데도 그것을 알지 못하고 악한 일을 계속합니다. 그러나 지혜로운 사람은 악한 사람의 일시적인 성공을 부러워하지 않습니다. 그들의 마지막은 이미 정해져 있기 때문입니다. 하나님을 믿는 사람은 잠시는 환란을 당하지만 결국은 승리합니다. 크리스천의 삶은 이미 승리가 보장된 삶입니다. 이렇게 보면 믿음을 갖고 산다는 것이 얼마나 행복한 일인지 모릅니다.

# 코에 감추어진 신비

낮과 밤 동안 우리는 무수한 먼지의 입자를 들이마시며 살아갑니다. 우리 주위에는 먼지가 수없이 많습니다. 그것을 피할 수 있는 곳은 없습니다. 비교적 농촌은 오염이 덜합니다. 그렇지만 그런 곳에서 1회 호흡하는 공기 속에도 약 50만개나 되는 먼지의 입자가 들어 있습니다. 엄청난 숫자입니다. 우리가 호흡할 때는 모든 종류의 박테리아가 우리의 콧속으로 들어옵니다. 콧속으로 들어온 박테리아는 몸 속으로 더 들어오지 못하고 코의 점막에 들러붙습니다. 만약 코를 통해 우리 몸에 박테리아가 거침없이 유입된다면, 생각만 해도 끔찍합니다. 사람의 코의 점막은 박테리아의 성장을 멈추게 하는 놀라운 힘이 있습니다. 이런 박테리아는 먼지의 입자를 함유한 콧물에 섞여 코 밖으로 배출됩니다. 또는 들이마셔도 위속에서 살균이 됩니다. 콧물은 우리 몸에서 단순히 귀찮은 존재가 아니라 인체의 건강을 지키는 매우 중요한 존재입니다.

콧속의 점막은 끊임없이 점액을 분비하고 있는데, 그것은 원래 유리처럼 빛깔이 없는 투명한 액체입니다. 기관의 안쪽에 나 있는 섬모는 계속 움직이면서, 혹시 조그만 먼지라도 들어오면 그것을 자꾸 위로 올려 보내 콧속 깊숙이 밀어 올립니다. 밀어 올려진 먼지는 점액과 섞여 밖으로 배출됩니다. 코의 어귀에는 뻣뻣한 코털이 나 있는데 이것은 큰 먼지와 입자를 제거해주는 역할을 합니다. 코 하나만 보아도 얼마나 신기한지 하나님이 만드신 창조원리는 놀랍습니다. 더럽고 나쁜 것의 유입을 막아 주는 코털과 콧물은 우리에게 없어서는 안 되는 소중한 것입니다. 비록 보기에는 더럽고 흉해도 말입니다.

말씀과 기도로 무장한 우리의 믿음은 세상에서 유혹하는 많은 악한 것들을 제거하며 막아 주는 역할을 합니다.

# 08

# 유대인의
# 구원

"왕의 어명이 이르는 각 지방, 각 읍에서 유다인들이
즐기고 기뻐하여 잔치를 베풀고 그 날을 명절로 삼으니 본토 백성이 유다인을
두려워하여 유다인 되는 자가 많더라" (에8:17)

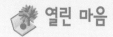 **열린 마음**

1 복음은 구원입니다. 하나님이 주시는 구원의 특징을 아는 대로 말해 보십시오. 아울러 나의 구원 사건과 연관하여 각자의 생각을 나누어 보십시오.

_____

_____

 **말씀 먹기**

● 에스더 8:1-17을 읽고 다음 질문에 답해 보십시오.

1 원수 하만의 집과 모르드개의 달라진 점을 말해 보십시오. (1-2)

_____

_____

💡 **되새김** 하만이 죽자 왕은 하만에게 준 반지를 빼서 모르드개에게 줍니다. 그리고 에스더는 하만의 집을 모르드개가 관리하게 합니다. 하만이 가졌던 모든 것이 모르드개에게 돌아옵니다. 하나님 없는 사람의 모습은 하만과 같습니다. 마지막에는 모든 것이 믿음의 사람에게 돌아옵니다. 이것이 믿는 자에게 주어지는 축복입니다.

2 에스더가 왕에게 특별히 간구하여 요청한 내용은 무엇입니까? (3~6)

에스더는 이것으로 만족하지 않고 왕에게 아직 남아 있는 민족의 화 당함을 구하면서 해결책을 찾습니다. 그리고 그 문제를 왕에게 구합니다. 자신의 안락만을 생각하지 않고 더 나아가 민족의 문제까지 해결하는 에스더는 그리스도인의 모습을 대변합니다. 그리스도인은 자신뿐 아니라 민족과 열방을 향해 비전을 품고 이웃을 구하는 삶을 살아야 합니다.

**3** 왕은 에스더의 요구대로 유대인에게 은혜를 베풀었는데, 어떤 내용인지 구체적으로 말해 보십시오. (7~9)

왕은 이전의 법을 파기하지 못함을 알고 다시 새로운 법을 세워 유다인을 보호하는 내용의 조서를 내립니다. 여기서 왕은 유다인에게 조서를 뜻대로 쓰게 합니다. 놀라운 역전입니다. 믿음의 사람에게는 이런 역전이 다가옵니다. 믿음을 갖고 살면 언젠가는 이런 일이 그리스도인 모두에게 임합니다.

**4** 왕이 특별히 새롭게 쓴 조서의 내용은 무엇이며, 그것은 어떻게 시행되었습니까? (10~14)

새로운 조서의 내용은 유다인이 자기 생명을 자기가 지키도록 한 법입니다. 또한 유대인들이 죽게 될 뻔했던 그날 하루 동안에 대적들에게 원수를 갚게 하는 법입니다. 준비하였다가 그날에 시행하게 합니다. 이것은 유다인에게 복음의 소식입니다. 멸망이 변하여 구원에 이르는 법입니다. 율법으로 죽을 수밖에 없었지만 그리스도를 통해 오는 복음의 법으로써, 믿는 자는 모두 살게 되었습니다.

**5** 굵은 베옷을 입었던 모르드개는 어떤 옷을 입었으며, 모르드개와 유대인에게 어떤 일이 생겼습니까? (15~16)

_____

_____

💡 **되새김** 드디어 절망을 딛고 모르드개와 유대인에게 영광과 기쁨의 날이 닥치게 되었습니다. 왕의 어명을 받은 각 지방 각 읍에서 유대인이 즐기고 기뻐하며 잔치를 베풀고, 그날을 명절로 삼았습니다. 하나님이 높이 사용하시는 모르드개와 유대인을 보면서 우리가 하나님을 의지하는 것이 얼마나 큰 복인가를 알 수 있습니다.


**6** 이 일로 인하여 본토 백성 중에서 예기치 않는 일이 일어났는데, 그 일은 무엇입니까? (17)

_____

_____

💡 **되새김** 특히 이런 역전 드라마를 통해 유대인의 위상이 높아졌고 유대인이 되는 사람이 많았습니다. 유대인에게 호의를 베푸는 일이 일어났습니다. 교회와 그리스도인의 삶을 보고 그리스도인이 되는 일이 많다면 얼마나 좋을까요? 이렇게 되면 전도는 자연적으로 될 것입니다.

 ## 생각해 보기

**1** 본문 10~14절에서 유대인들에게 새롭게 반포된 법은 곧 복음의 기쁜 소식입니다. 이때 이 복음을 들은 유대인들의 마음은 어떠했을까요? 오늘 영원히 죽을 수밖에 없는 사람들에게 들리는 복음의 소식과 연

관하여 말해 보십시오. (참고. 에4:3)

_____

_____

 ## 삶의 적용

**1** 죄의 값으로 영원히 죽을 수밖에 없는 나를 구원해 주신 하나님에 대해서 나는 얼마나 감사하고 감격하면서 살고 있는지 그 은혜를 말해 보십시오.

_____

_____

**2** 오늘 말씀을 통해 이번 주에 실천해야 할 사항은 무엇인지 삶의 적용을 위한 구체적인 실천계획과 함께 말해 보십시오.

_____

_____

바사에 조공을 바치는 사신들

# 역전의 인생을 살라

유대인을 죽이려고 했던 대적들은 하만이 죽으면서 역전되어 오히려 자기들이 멸절당할 처지가 되었습니다. 유대인을 멸절하라는 왕의 조서가 에스더의 간청으로 유대인 대적들을 멸절하라는 조서로 바뀐 것을 통해 우리는 놀라운 구원의 역전 드라마를 보게 됩니다. 에스더의 반전을 보면서 하나님을 대적하는 자는 멸망하지만 하나님을 경외하는 자는 영원히 살게 된다는 말씀을 다시 한 번 실감하게 됩니다.

우리도 이대로 있었으면 죄로 인하여 영원히 죽을 수밖에 없는 악한 존재였습니다. 그러나 이제 그리스도의 복음으로 인하여 영원히 사는 축복을 얻었습니다. 지금도 이전의 법이 존재하여 그 율법으로 죽는 사람이 많습니다. 그러나 새로운 복음의 법을 믿는 사람은 모두가 구원을 받을 수 있습니다. 지금도 복음의 소식을 듣지 못하고 죄에 억눌려 사는 사람이 많습니다. 그들에게 기쁜 소식을 전하여 사망의 법에서 해방되는 축복을 전해 주어야 합니다.

이것이 복음을 먼저 받고 믿는 그리스도인이 해야 할 일입니다. 예수를 믿으면 인생이 완전히 바뀝니다. 역전 드라마의 인생을 살 수 있습니다. 아무리 과거의 삶이 패배하고 죄가 많았다 해도 지금 즉시 복음의 법을 받아들이면 영생을 얻을 수 있습니다.

십대들이여, 아직도 역전의 인생이 아니라면 지금이라도 역전의 인생이 되어야 합니다. 죄와 사망에서 완전히 해방되는 그런 삶을 살아야 할 것입니다.

# 구름을 통해 본 하나님의 은혜

저녁하늘에 황혼과 함께 떠 있는 뭉게구름을 보면 너무나 아름답습니다. 우리는 잠시 동안 그것에 취하여 눈을 떼지 못할 때가 있습니다. 하나님의 놀라운 창조의 모습에 감탄할 뿐입니다. 세상의 어느 그림보다 하늘위에 그림을 그리시는 하나님의 작품은 최고입니다.

수증기를 포함한 따뜻한 공기는 하늘로 올라갑니다. 공기는 하늘로 올라가면서 점점 차가워집니다. 일정의 높이에 이르면 더 이상 수증기 형태로 있을 수 없게 되면서 물방울의 형태로 변하게 됩니다. 온도가 낮으면 얼음덩이가 됩니다. 이런 식으로 해서 구름이 생기게 됩니다. 물방울이 된 구름은 낮은 곳에 있고 얼음덩어리로 된 구름은 높은 곳에 떠 있습니다. 구름을 구성하고 있는 물방울이나 얼음덩어리는 매우 작아서 직경 1밀리미터의 백분의 일 정도 밖에 되지 않습니다. 무게도 백만 개가 모여서 겨우 1그램 정도 밖에 되지 않습니다. 이렇게 가볍기 때문에 조용한 공기 속에서도 1초에 단지 몇 센티 밖에 떨어지지 않습니다. 그러나 구름 속에서는 끊임없이 바람이 불고 공기가 움직이기 때문에 구름 입자들은 계속해서 바람에 날려 위아래로 움직입니다. 그래서 구름이 공중에 떠 있을 수 있게 됩니다. 보이지 않지만 바람과 공기가 구름을 떠받치고 있는 셈입니다. 마치 바람에 의해 연이 하늘에 떠 있는 것과 같은 원리입니다.

오늘 우리들도 이 세상에서의 하루하루를 보면 이와 같은 원리로 살아갑니다. 내 힘만으로 살아갈 수 없습니다. 눈에 보이지 않지만 하나님의 손길과 보호가 없으면 우리는 이미 이 세상에 존재하지 않을 것입니다. 하나님의 은혜로 오늘 하루도 살아가고 있음에 감사해야 합니다. 하나님이 나를 꼭 붙잡아 주시는 그 사랑을 깨달으면서……

# 09

# 대적들의
# 멸망

"아달월 십삼일에 그 일을 행하였고 십사일에 쉬며 그 날에 잔치를 베풀어 즐겼고
수산에 사는 유다인들은 십삼일과 십사일에 모였고 십오일에 쉬며
이 날에 잔치를 베풀어 즐긴지라" (에9:17-18)

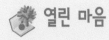 **열린 마음**

1 역사적으로 악한 사람들과 그 국가의 마지막의 모습을 나누어 보십시오. 이것이 주는 교훈은 무엇입니까?

1) 히틀러

_____

2) 스탈린과 무솔리니

_____

3) 전쟁을 일으킨 독일과 일본

_____

 **말씀 먹기**

● 에스더 9:1-19을 읽고 다음 질문에 답해 보십시오.

1 유대인들을 멸절시키기로 작정된 날에 이르러서 어떤 일이 일어났는지 말해 보십시오. (1~4)

💡 **되새김** 죽을 수밖에 없는 그날에 유대인은 오히려 대적들을 제거하는 상황이 되었습니다. 이렇게 된 것은 각 지방의 관리들과 대신들과 총독들과 왕의 사무를 보는 자들이 모르드개를 두려워하므로 모두가 유대인을 도왔기 때문입니다. 모르드개가 점점 창성하여 가고 모르드개의 명성이 각 지방에 퍼지게 되었습니다. 하나님을 사랑하는 자에게 베푸시는 놀라운 하나님의 축복입니다. 우리도 이런 축복을 기대하면서 살아야 합니다.

2 유대인들이 적들을 진멸한 내용을 말해 보고, 특별히 이방인들이 보통 전쟁 때 하는 일과 다르게 발견되는 점을 찾아보십시오. (5~10)

💡 **되새김** 유대인은 대적들을 진멸하되 마음대로 했습니다. 그러나 그들의 재산에는 손을 대지 않았습니다. 이것은 하만이 재물을 탈취하려 했던 것과 정반대입니다. 물질보다는 하나님의 공의의 심판에 더 관심을 가지는 것을 알 수 있습니다. 이것은 인간의 전쟁이 아닌 하나님이 행하시는 성전과도 같은 것이기에 당연히 재물에 손을 대면 안 됩니다. 재물에 손을 대었다가 멸망한 인간이 되면 안 됩니다.

3 도성 수산에서 대적을 죽인 결과를 왕에게 보고하자 왕은 에스더에게 또 다른 약속을 했는데, 그것은 무엇입니까? (11~12)

💡 **되새김** 그날에 도륙한 자의 수가 오백 명이 되었고 하만의 열 아들을 죽였습니다. 왕은 다시 에스더에게 소원이 무엇이냐고 물었습니다. 혹시 또 갖고 싶은 것이 있느냐는 물음이었습니다. 곧 즉시 시행할 테니 말해 보라는 것입니다. 개인적인 소원을 생각할 수도 있습니다.

**4** 에스더는 하루를 더 연장하여 적들을 진멸하는 일을 요구했는데, 그 이유는 무엇입니까? (13~14)

_____

_____

🎈 되새김 그러나 에스더는 개인적인 소원이 아닌 하만의 열 아들의 시체를 나무에 매달기를 구합니다. 이렇게 한 것은 대대로 이것을 기억하게 하고 더 이상 유다인에게 함부로 하는 일이 없도록 경고하기 위한 것이었습니다. 다음 세대까지 생각하면서 일을 완벽하게 처리하는 에스더의 지혜를 발견할 수 있습니다. 나만 생각하지 말고 다음 세대까지 생각하는 것이 능력 있는 그리스도인의 삶의 모습입니다.

**5** 유대인들은 적들을 멸하는 데 있어서 몇 가지 원칙을 갖고 있었습니다. 그것은 무엇입니까? (15~16)

_____

_____

🎈 되새김 유대인은 나머지 대적들을 죽입니다. 이때에도 유다인은 역시 재산에는 손을 대지 않았습니다. 이 구절은 계속 반복해서 나옵니다. 인간적인 욕심이 아닌 철저히 하나님의 뜻에 따라 시행되었음을 말합니다.

**6** 유대인들은 자기들을 해하려던 원수를 멸하고 어떤 일을 했는지, 행한 일을 정리해 보십시오. (17~19)

_____

_____

🎈 되새김 유대인은 이 날을 기념하여 십삼일과 십사일에 잔치를 베풀고 즐기며 서로 예물을 주었습니다. 하나님이 행하신 것을 기념하고 하나님을 찬양하는 날이었습니다. 그리스도인의 마지막은 안식이며 잔치입니다. 천국에서 이런 일이 벌어집니

다. 힘들어도 그날의 승리를 바라보면서 살아가야 할 것입니다.

 생각해 보기

1 믿음은 마지막에 승리를 해야 합니다. 역전 드라마를 보면서 신앙생
활에 대한 교훈을 말해 보십시오(참고. 갈6:7~9; 롬8:28). 또 유대인들은
적들을 멸한 후에 절대로 그들의 재산에는 손을 대지 않았습니다. 그
이유는 무엇입니까? (참고. 에8:11)

_____

_____

 삶의 적용

1 이미 준비되고 확정된 나의 마지막 모습은 어떤지 정리해 보십시오.

_____

_____


2 오늘 깨달음과 도전을 주는 말씀은 무엇입니까?

_____

_____

# 마지막의 승리를 그리며 살아가라

심판자가 하만에서 모르드개로 바뀌고, 심판받는 유대인에서 이제는 심판하는 유대인으로 바뀌게 됩니다. 이것은 세상이 끝날 때 나타날 그리스도인의 모습을 보여 주는 것이기도 합니다. 그리스도의 재림 때는 성도들이 영광을 받게 됩니다. 중요한 것은 지금이 아니라 마지막입니다.

대다수의 사람들은 지금 당장의 일에만 관심이 있습니다. 그러나 무엇이든지 마지막까지 가야 모든 것을 판단할 수 있습니다. 진정한 승리는 마지막에 승리하는 것입니다. 이런 면에서 그리스도인은 미래가 보장되었기에 이 세상에서 이미 승리자로서 살아가는 자입니다. 역전하시는 하나님의 역사를 바라보면서 하루하루 최선을 다해야 합니다.

그리스도인은 이미 이긴 싸움을 싸우는 삶입니다. 아무리 힘들어도 이 싸움의 승리는 이미 정해진 것입니다. 예수님이 십자가에서 죽음으로 사단을 물리치셨습니다. 십자가에서 사단은 패배를 선언했습니다. 누구든지 십자가의 예수님을 믿으면 사단과의 싸움에서 이미 승리자가 된 것입니다. 언뜻 보면 세상에서는 악한 것이 승리하는 것처럼 보입니다. 사단이 지배하는 것처럼 보입니다. 그러나 그것은 잠시뿐입니다. 우리는 잠깐의 성공에 속으면 안 됩니다. 끝까지 인내하고 믿음으로 참으면 결국은 승리합니다. 이 세상보다는 하나님의 나라를 바라보면서 살아간다면 어떠한 세상의 어려움도 이길 수 있을 것입니다. 십대들이 이런 비전을 가진다면 세상 살아가는 것이 한결 쉬워질 것입니다.

# 몸이 가려운 이유

여름이 되면 우리를 괴롭히는 것이 모기입니다. 모기 중에서 암컷이 수컷보다 인간에게 더 많은 해를 입힙니다. 수컷은 식물의 즙밖에는 빨지 않습니다. 그러나 암컷은 동물의 피를 몹시 좋아합니다. 사람을 무는 것은 암컷입니다.

암컷 모기를 자세하게 보면 입이 긴 주둥이처럼 되어 있습니다. 그리고 그 속에는 끝이 톱처럼 들쭉날쭉한 이빨이 달린 침과 타액을 주사하기 위한 관, 피를 빨기 위한 관이 있습니다. 모기가 인간의 피부에 앉으면 침 끝을 대고 톱을 켜듯이 해서 상처를 냅니다. 그리고 상처에 주둥이를 찔러 넣어 우선 타액을 주사합니다. 타액에는 피가 굳는 것을 방지하는 물질이 들어 있습니다. 그리고는 관으로 타액이 섞인 혈액을 빨아들입니다.

사람이 가려움을 느끼는 것은 모기가 문 자국 때문이 아니라 주사한 타액 때문입니다. 모기가 실컷 피를 빨고 날아갔을 때에는 오히려 그다지 가렵지 않습니다. 주사한 타액을 혈액과 함께 다시 빨아들이기 때문입니다. 하지만 모기가 타액을 주사하고 아직 혈액을 빨기 전에 잡아버리면 타액은 고스란히 남기 때문에 가장 심하게 가렵습니다.

악한 대적들은 우리에게 다가와 영혼을 파괴시키고 하나님을 거부하게 하는 잘못된 사상을 주입합니다. 사단은 거짓된 것을 퍼지게 하여 신앙을 병들게 합니다. 우리는 이런 것들을 받아들이지 않도록 조심해야 합니다. 세상과 타협하게 하고 적당히 믿음을 갖게 하면서 차츰 신앙의 타락화를 부추기는 사단의 유혹에 빠지지 않아야 합니다.

# 10

# 부림절 축제

"한 규례를 세워 해마다 아달월 십사일과 십오일을 지키라 이 달 이 날에
유다인들이 대적에게서 벗어나서 평안함을 얻어 슬픔이 변하여 기쁨이 되고 애통이
변하여 길한 날이 되었으니 이 두 날을 지켜 잔치를 베풀고 즐기며
서로 예물을 주며 가난한 자를 구제하라 하매" (에9:21-22)

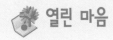 **열린 마음**

**1** 세상의 세속적인 문화가 발달하면서 교회 안의 절기가 점차 사라지는 듯한 느낌입니다. 교회 안에 있는 부활절과 성탄절을 어떻게 하면 그 의미를 살린 축제로 만들 수 있을지 좋은 방안을 말해 보십시오.

_____

_____

**말씀 먹기**

● 에스더 9:20-10:3을 읽고 다음 질문에 답해 보십시오.

**1** 모르드개가 도성 수산에서 일어난 기적의 날을 기록하여 모든 유대인들에게 글을 보냈습니다. 어떤 내용입니까? (20~22)

_____

_____

💡 **되새김** 이 날을 위해 규례를 세워 해마다 십사일과 십오일을 지키라고 말합니다. 그리고 구원의 기쁨을 생각하면서 잔치를 벌이라고 말합니다. 왜냐하면 이 날은 슬픔이 변하여 기쁨이 되고 애통이 변하여 길한 날이 되었기 때문입니다. 이 날을 명절로 정해 음식을 나누고 가난한 사람들에게 선물을 주는 날로 지키도록 했습니다. 오늘날의 주일은 이런 날입니다. 죽음에서 부활한 날로서 기쁨의 날이며, 모두가 잔치를 벌이면서 어려운 사람들을 찾아보는 날입니다.

**2** 유대인들은 모르드개가 보낸 글대로 계속하여 행했는데, 이 날을 무

슨 날이라 했으며 그 의미는 무엇입니까? (23~26)

_____

_____

💡 되새김 이날을 부림절이라 했는데 부림은 즉, 제비를 뽑은 날이라는 의미입니다. 하만이 유대인을 죽이기로 작정한 날인데 그 날이 하만이 죽고 유대인이 구원을 경험하는 날로 변했습니다. 이것은 크리스마스 날이 원래 이방 축제의 날이었는데 성탄절로 초대교인들이 바꾼 것과 같습니다. 재앙의 날일지라도 복음 안에 있으면 축복의 날로 바뀝니다.

**3** 유대인들은 이 부림절을 어떻게 대대로 지켰습니까? (27~28)

_____

_____

💡 되새김 이들은 이 날을 기억하기 위해서 글에 적었고 어디에 살든지 집안 대대로 이 날을 지키면서 자손에게 물려주었습니다. 유대인들은 부림절을 지키면서 자연스럽게 자녀들에게 하나님에 대한 신앙을 심어 주었습니다. 오늘날도 자손대대로 신앙을 심어 주는 가족 명절이 있어야 합니다. 성탄절, 부활절 같은 절기를 잘 살리는 것도 한 방법입니다.

**4** 에스더와 모르드개가 전권으로 글을 써서 부림에 대한 둘째 편지를 모든 유대인들에게 전한 이유는 무엇입니까? (29~32)

_____

_____

💡 되새김 에스더와 모르드개가 지시하고 확정해 유다민족의 절기로 자리를 잡았습니다. 지금까지 유대인은 이 절기를 지키면서 하만을 죽이는 흉내를 내는 촌극을 합니다. 이것은 유대인의 신앙 정체성을 세우는 좋은 기회가 됩니다. 나의 인생에서 이런 부림절과 같은 사건은 없습니까?

**5** 문지기에 불과했던 모르드개는 어느 정도로 존귀함을 받았습니까? 이 것이 주는 교훈은 무엇입니까? (10:1~3)

_____

_____

 **되새김** 모르드개를 통하여 아하수에로 왕은 복을 받았습니다. 모르드개는 아하 수에로 왕의 다음으로 실권을 얻었습니다. 그리고 그는 유다 사람에게 존경을 받고 유다 사람의 안전을 위해 애를 썼습니다. 모든 사람에게 존경받는 사람이 되었습니 다. 신앙이 좋으면 인격도 좋습니다. 그것이 진정한 신앙인입니다. 그리스도인은 하 나님에게뿐 아니라 사람에게도 칭찬을 받아야 합니다.

## 🌺 생각해 보기

**1** 부림이란 유대인이 원수들에 의하여 제비 뽑힘으로 진멸당하는 날이 정해진 데서 연유한 것입니다. 멸망의 날이 오히려 유대인의 명절로 바뀌었다는 것은 아이러니한 일입니다. 이것은 우리에게 어떤 의미를 주고 있습니까? 성탄절(12월 25일)은 이방인의 태양절이었는데 나중 에 성탄절로 주님을 찬양하는 날로 바뀌었습니다. 우리에게 있는 명 절이나 교회 절기와 가족의 명절을 생각해 보고 그것을 어떻게 영적 으로 승화시켜야 하는지 말해 보십시오.

_____

_____

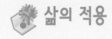
## 삶의 적용

**1** 에스더의 전체 사건을 통하여 특별히 은혜 받은 점이나 깨달은 교훈을 말해 보십시오. (참고. 잠10:23~32)

_____

_____

**2** 오늘 말씀을 통해 이번 주에 실천해야 할 사항은 무엇인지 삶의 적용을 위한 구체적인 실천계획과 함께 말해 보십시오.

_____

_____

오래된 성경

# 나에게 부림절이란?

하나님의 구원은 인간이 이루는 것이 아니라 하나님께서 주도적으로 나타나셔서 이루십니다. 유대인들은 슬픔이 변하여 기쁨이 되고 죽음이 변하여 생명이 되는 구원의 사건을 대대로 기념하기 위하여 부림절을 지킵니다. 부림절은 하나님이 구원하신 날을 기념하는 날입니다. 지금도 부림절은 그리스도인에게 계속되고 있습니다. 부활절은 이런 면에서 그리스도인에게 부림절의 의미가 있습니다. 사망권세를 이기고 부활하신 주님을 믿는 것은 언제나 최후에 승리가 보장된 그리스도인의 삶을 보여 주고 있습니다. 이것은 인간의 행함으로 일어난 부활이 아닌 전적으로 하나님의 주도하에 일어난 부활입니다. 우리는 주님이 하신 일을 믿을 뿐입니다.

우리는 날마다 부활절이 되어야 합니다. 주일은 주님이 부활하신 날을 기념하여 지키는 날입니다. 어려운 세상 속에서 날마다 승리를 경험하는 주일이 된다면 그것이 곧 현대의 부림절입니다. 이미 십자가에서 죽음을 이기신 주님의 부활의 능력을 믿고 세상을 살아간다면 어떤 고난도 이길 수 있을 것입니다. 주일은 사단이 패배한 날입니다. 우리가 이런 은혜와 감격을 가지고 매 주일을 지킨다면 주일은 새롭게 다가올 것입니다. 영원한 승리를 경험하는 축복의 날로……

# 불꽃축제의 비밀

축제 때 사용되는 불꽃놀이는 환상적입니다. 하늘을 수놓은 불꽃의 축제는 감탄을 자아내게 합니다. 우리는 불꽃이 밤하늘에 만들어 내는 그림을 보면서 어떻게 저런 모습이 나올 수 있을까 의아해 할 때가 많습니다.

불꽃을 만드는 기본 재료는 질산칼슘인데 여기에는 초석과 유황과 목탄의 세 가지 성분이 들어 있습니다. 이들 미세한 분말을 만들어 혼합하면 화약이 만들어집니다. 거기에다가 빛을 강렬하게 하고 소리를 크게 하기 위해서 염소산 칼륨과 비륨과 알리미늄 분말을 혼합하여 사용하면 됩니다. 그렇다면 불꽃의 색은 어떻게 내는가? 이것은 여러 금속의 염이 섞이면 열에 따라 특유의 색광을 내는 원리를 이용합니다. 예를 들면 스트론튬은 빨강색, 바륨은 초록색, 나트륨은 노랑색, 구리염은 파랑색의 색깔을 냅니다. 다양한 원소는 나름대로의 색을 냅니다. 그것을 적절하게 사용하면 여러 가지 색깔이 나오게 됩니다. 철가루를 섞으면 폭발하면서 눈부신 불꽃이 비처럼 내리는 효과를 냅니다. 다양한 원소를 조합하여 폭죽을 만들어 신관에 불을 붙이면 먼저 꼭대기의 천천히 타는 화약에 불을 붙입니다. 불은 점점 타 내려가면서 맨 위의 공 둘레에 입힌 발염제에 옮겨 붙습니다. 그러면 공자체도 타기 시작하여 그 밑의 화약에 불이 붙어서 폭발하고, 불타는 공이 원통에서 튀어나와 공중으로 오릅니다. 원소 속에는 우리가 알지 못하는 다양한 색깔이 들어 있습니다.

하나님의 창조물 속에는 신기한 것들이 감추어져 있습니다. 이것을 발견하면 누구나 성공할 수 있습니다. 하나님이 만드신 창조물을 잘 바라보면 그 안에 보화가 들어 있습니다. 고난을 승화시키면 오히려 그 속에서 우리는 기쁨의 축제를 맛볼 수 있습니다. 우리가 가진 모든 것을 감사함으로 받으면 모두 하나님의 은혜가 들어 있습니다.

## 저자 이대희 목사

장로회 신학대학교 신학대학원(M.Div)과 연세대학교 연합신학대학원(Th.M)을 졸업하고 현재 에스라성경대학원대학교 성경학박사(D.Liit) 과정 중이다.

예장총회교육자원부 연구원과 서울장신대학교 신학과 교수를 역임하고 서울 극동방송에서 "알기쉬운성경공부" "기독교 이해" 등 프로그램을 진행했다. 지난 20여 년 동안 성서사람 · 성서한국 · 성서교회 · 성서나라의 모토를 가지고 한국적 성경교육과 실천사역을 위해 집필과 세미나와 강의사역을 하고 있다. 현재 바이블미션(www.bible91.org) 대표, 꿈을주는교회 담임목사, 독수리기독중고등학교 성경교사, 강남성서신학원 외래교수, 서울장신대 겸임교수로 사역 중이다.

저서로 《30분 성경공부시리즈》《투데이 성경공부시리즈》《아름다운 십대 성경공부시리즈》《이야기대화식성경연구》《성경통독을 위한 11가지 리딩포인트》《심방설교 이렇게 준비하라》《예수님은 어떻게 교육했을까?》《1% 가능성을 성공으로 바꾼 사람들》《자녀를 거인으로 우뚝 세우는 침상기도》《하룻밤에 배우는 쉬운 기도》《하나님 이것이 궁금해요》《크리스천이 꼭 알아야 할 100문 100답》 등 100여 권이 있다.

# 에스더 영적 거인, 빼-닮아라

**틴~꿈 십대성경공부 | 구약책 시리즈 2**

초판1쇄 발행일 | 2009년 3월 25일

지은이 | 이대희
펴낸이 | 박종태
펴낸곳 | 엔크리스토
마케팅 | 정문구, 강한덕, 신주철
관리부 | 이태경, 박재영, 김성득, 맹정애, 최현주

출판등록 | 2004년 12월 8일(제2004-116호)
주   소 | 경기도 고양시 일산동구 장항동 568-17
전   화 | (031) 907-0696
팩   스 | (031) 905-3927
이메일 | visionbooks@hanmail.net
공급처 | 비전북 전화 (031) 907-3927 팩스 (031) 905-3927

ISBN 978-89-92027-63-2  04230

값 3,000원

- 잘못된 책은 바꾸어 드립니다.
- 이 교재의 사용 방법, 내용, 훈련, 세미나에 대한 문의는 바이블미션(02-403-0196, 016-731-9078)으로 해주시면 최선을 다해 도와드리겠습니다.

# 엔크리스토 성경공부 양육 교재

## 투데이 성경공부

평생 성경공부할 수 있도록 구성한 시리즈. 주제별로 구성되어 있어 각 교회의 상황에 맞게 커리큘럼을 재구성하여 사용할 수 있다.

101 신앙기초(전 9권 완간) | 201 예수제자(전 9권 완간) | 301 새생활(전 12권 완간)
601 성경개관(전 10권 완간) | 401 · 501 발간 예정

## 30분 성경공부

신앙생활의 기초를 다루었으며 신앙의 전체 그림을 그릴 수 있는 2년 과정의 소그룹 성경교재다. 성경공부를 시작할 때 사용하면 효과적이다.

믿음편 | 기초 · 성숙　생활편 | 개인 · 영성 · 교회 · 가정 · 이웃 · 일터 · 사회 · 세계
성경탐구편 | 창조시대 · 족장시대 · 출애굽시대 · 광야시대 · 정복시대/사사시대 · 통일왕국시대 ·
분열왕국시대 · 포로시대/포로귀환시대 · 복음서시대1 · 복음서시대2 · 초대교회시대 · 서신서시대

## 아름다운 십대 성경공부

십대들이 꼭 알아야 할 성경의 핵심내용과 기독교적 가치관, 세계관을 정립하는 데 필요한 핵심주제를 담고 있으며, 3년 과정으로 구성되었다.

101 자기정체성 · 복음 만남 · 신앙생활 · 멋진 사춘기 · 예수의 사람(전 5권)
201 가치관 · 믿음뼈대 · 십대생활 · 유혹탈출 · 하나님의 사랑(전 5권)
301 비전과 진로 · 신앙원리 · 생활열매 · 인생수업 · 성령의 사람(전 5권)

## 틴꿈 십대성경공부

성경 전체의 내용을 핵심적으로 구성되었으며, 성경 파노라마를 통해 십대들이 알아야 할 성경의 맥과 개관을 다루고 구약책과 신약책 중에서 십대에 맞는 책을 선택하여 집중적으로 유형별로 균형 있게 공부할 수 있다.

1년차 성경개관 | 성경파노라마 1, 2, 3, 4, 5(전5권)
2년차 구약책 | 창세기 · 에스더 · 다니엘 · 잠언 · 전도서(전5권)
3년차 신약책 | 누가복음 · 로마서 · 사도행전 · 빌립보서 · 요한계시록(전5권)
• 틴~꿈 새가족 양육교재

# 엔크리스토 성경공부 양육 교재

## 책별 66권 성경공부

성경 전체 66권을 각 권별로 자유롭게 선택하여 사용할 수 있는 성경공부.
성경 전체를 체계적으로 연구할 수 있다.

**창세기 1·2·3·4, 느헤미야, 요한복음 1·2, 로마서, 에스더, 다니엘, 사도행전 1·2·3
(계속 발간됩니다)**

## 엔크리스토 제자양육성경공부

한 사람을 온전한 제자로 만드는 과정으로 7단계로 구성되어있다. 전도(복음소개)와
양육(일대일 양육, 이야기대화식 성경공부)과 영성(영성훈련)의 3차원을 통전적으로
연결되어 있으며 제자훈련 과정으로 적합하다.

**복음소개·일대일 양육·새로운 사람·성장하는 사람
변화된 사람·영향력 있는 사람·영성훈련(전7권)**

## 인도자를 위한 지침서

- 인도자 지침서(십대 성경공부 101·201·301시리즈) | 이대희 지음 | 각 10,000원
- 인도자 지침서(틴꿈 십대성경공부) | 이대희 지음 | 10,000원
- 인도자 지침서(엔크리스토 제자양육성경공부) | 이대희 지음 | 10,000원
- 인도자 지침서(30분 성경공부 믿음편 기초, 성숙 | 생활편 개인, 교회)
  | 이대희 지음 | 10,000원

## 성경공부에 필요한 참고 서적

- 이야기 대화식 성경연구 | 이대희 지음 | 10,000원
- 크리스천이 꼭 알아야할 100문 100답 | 이대희 지음 | 10,000원

### 특 징
성경 66권을 쉽고 재미있게, 깊이 있게 배우면서 한국적 토양에 맞는 현장과 삶에 적용하는 한국적 성경전문학교

### 모집과정(반별로 2시간씩이며 선택 수강 가능)
● 성경주제반: 성경의 중요한 핵심 주제를 소그룹의 토의와 질문을 통하여 배운다.(투데이성경공부/30분성경공부)
● 성경개관반: 66권의 성경 전체의 맥과 흐름을 일관성 있게 잡아준다.(잘 정리된 그림과 도표와 본문 사용)
● 성경책별반: 66권의 책을 구약과 신약 한 권씩 선정하여 워크숍 중심으로 학기마다 연구한다.(3년 과정)

### 모집대상
목회자반/ 신학생반/ 평신도반(교사, 부모, 소그룹 양육리더, 구역장, 중직)

### 시 간
월요일(오전 10시 30분~오후 5시 30분/ 개관반 · 책별반 · 주제반)

### 수업학제
겨울학기 : 12~2월 | 봄학기 : 3~6월 | 여름학기 : 7~8월 | 가을학기 9~11월
(자세한 내용은 홈페이지 참조 요망. 학기마다 사정에 따라 일자가 변경될 수 있음)

### 수업의 특징
● 이야기대화식 성경연구방법으로 12주(3개월 과정) 진행
● 전달이나 주입식이 아닌 성경 보는 눈을 열어주고 경험하게 하면서 성경의 보화를 스스로 캐는 능력을 터득하게 하는 방법을 지향하며 소그룹 워크숍 형태로 진행

**강사** : 이대희 목사와 현직 성서학 교수와 현장 성경전문 강사

**장소** : 바이블미션
　　　　서울시 송파구 가락동 96-5(지하철 8호선 가락시장역)

**신청** : 개강 1주일 전까지 선착순 접수(담당 : 채금령 연구간사)

**문의** : 바이블미션-엔크리스토 성경대학(016-731-9078, 02-403-0196)
　　　　(홈페이지 www.bible91.org)